산 책

원공 저

圖書出版 修書院

이 도서의 국립중앙도서관 출판시 도서목록(CIP)은 서지정보유통지원시스템 홈페이지(http://seoji.nl.go.kr)와 국가자료공동목록시스템(http://www.nl.go.kr/kolisnet)에서 이용하실 수 있습니다(CIP제어번호 : CIP2018036028).

머릿말

햇볕이 환하고 눈부시다.

기다리는 아쉬움은 잔물결이 되었고, 마음의 창문은 우아한 자태가 되었다.

눈부신 보석을 보 듯 오늘 아침은 유난히 밝다.

주민자치위원회에서 주관한 매봉산 둘레길 행사가 열렸다.

사람들은 2백명 이상이 참여했고, 정원오 성동 구청장과 김진수 동장의 인사가 있었다.

나는 가을 바람이란 시를 낭송했다.

매봉산에 오르니 바람은 시가 되어 나를 적셨고, 어린시절 이곳에서 놀았던 추억은 시간의 벽을 허물었다.

그러자 숲은 술렁거렸고, 과거의 강물은 나의 가슴에 스며들었다.

동네는 다 변했어도 매봉산은 그대로 있다.

나의 가슴엔 바이올린의 현을 훑어 내리 듯, 추억이 살아서 음악이 되어 흘렀다.

국군의 날 행사 때 이곳에 앉아서 강 건너 모래사장에 비행기가 날아가 폭격하는 것도 생각이 났다.

대단한 장관이었다. 주변을 둘러보니 옹기종기 사람들이 꽉 차 있었다.

모래사장에 불이 번쩍하며 일어날 때마다 사람들은 와-하고 함성을 질렀었다.

그때 내가 앉았던 자리에 가서 다시 앉아 보았다.

세월은 유수라고 했던가?

벌써 수십년이 흘렀다. 그래도 매봉산이 있어서 얼마나 감사한가.

어린시절 타고 놀았던 그 바위 위를 두 손으로 조용히 감쌌다.

그때 느꼈던 산들거리는 바람을 오늘도 똑같은 감정으로 느껴보고 있다.

이번에 내는 이 책도 여러분의 가슴 속에서 시가 되어 자랐으면 한다.

차 례

수필

시

1. 생존경쟁

까치와 까마귀가
부리를 힘차게 들이민다
공중에서의 영유권 다툼이다
신이 내어준 링 위다

-보광동에서 본 관악산-

*** 아는 지인이 식당을 크게 하고 있었다. 하루는 한 사람이 오더니 저녁 7시에 손님 3백명이 오니 준비해 놓으라고 한다. 그러더니 깜빡 잊고서 지갑을 놓고 왔다며 손님들 줄 선물을 사야하는데 하며 5백만원을 빌려달라고 했다. 빌려준 뒤 주인은 음식을 장만하느라 눈코 뜰새 없이 바쁘게 움직였다. 오는 단골 손님도 다음에 오라고 했다. 그리고 저녁 7시에 맞추어 음식 모두를 식탁에 내어놓았다. 하지만 손님은 한 사람도 오지 않았다. 거짓말이었던 것이다. 그 때서야 아- 이럴 수가 하고 가슴을 쳤다고 한다. 자신의 어리석음에 가슴을 친 것이다. ***

2. 인격

나무에서
꽃이 피었다
자신을
닮았다

-응봉동 대현산 공원 안의 목련꽃-

*** 꽃도 피는 모습을 보면 예의가 있다. 서두르지 않는다. 그러고 보면, 사람들에게도 각자의 향기가 있다. ***

3. 꽃의 만발

봄이
웃음을 터뜨리고 있다

-충북 괴산 산막이 옛길-

*** 서양속담에 부지런한 개구리가 버터를 만든다는 얘기가 있다. 한 마리는 우유에 빠지자 체념하고 죽고 말았다. 그러나 다른 한 마리는 살기 위해 열심히 병뚜껑쪽으로 뛰었다. 그렇게 오랜 시간이 지나자 휘저어진 우유는 버터가 되었고, 그 딱딱한 것을 딛고 뛴 덕분에 다른 한 마리는 살아난 것이다. 그러고 보면, 나무도 겨울을 이겨냈기에 웃음을 터뜨리고 있다. ***

4. 자존심

등에 지고
어디든지
오가는 달팽이
무게를 감수한다

-충북 진천에 있는 천년된 농다리-

비가 주룩 주룩 내리는 오늘은 퀴리부인이 생각난다. 마리 퀴리는 어린 시절 폴란드에 전염병이 돌 때, 어머니와 언니를 연달아 떠나보내는 등의 아픔을 겪고 슬픔에서 헤어나지 못한다. 항상 일등을 놓치지 않았지만 가정 형편이 어려워지자 16세의 나이에 가정교사를 하며 학업에 열중한다. 그리고 위대한 과학자가 된다. 그러고 보면, 부모님을 떠나 보내는 아픔은 상상을 초월한다. 특히 어린나이에는 더욱 그렇다. 어른이지만 나 역시도 고인이 되신 아버님이 지금도 매일 그립다. 그러고 보면 천년된 농다리는 얼마나 그리운 이가 많을까? 등에 진 자존심이 보고싶은 마음을 누른다.

5. 개성

노란꽃은

노래서 예쁘다

파란꽃은

파래서 아름답다

*** 어느 책에서 보니, 물이 있으면 생명체가 태어날 수 있다고 본다. 물만이 세포의 안이나 밖으로 화합물을 전달하기 때문이다. 얼음은 안된다고 쓰여있다. 그러고 보면 그렇게해서 태어난 생명체를 더 아름답게 보이게 하는것은 개성이다. ***

6. 노을

함축된

하루의

진한 풍경

-한강변에서-

*** 몇 년 전 빌라가 많은 동네를 거니는데, 한 젊은이가 얼굴을 돌리고 있다. 그러더니 후다닥하고 도망간다. 좀도둑인 것이다. 두 아주머니가 길을 걷다가 이백만원이 든 지갑을 줏었다. 서로는 일백만원씩 나누었다. cctv에 찍혀 구속되고 말았다. 그런데 며칠 전 외국인이 지갑을 벤치에 놓고 갔다. 저녁에 오니 그 지갑이 그대로 있었다며 한국에 대해서 너무 좋은 인상을 받게 되었다고 얘기했다. 그는 노을 만큼이나 한국도 아름답다고 얘기했다. ***

7. 차

향기로 다가와
마음을 섞는다
너와 나

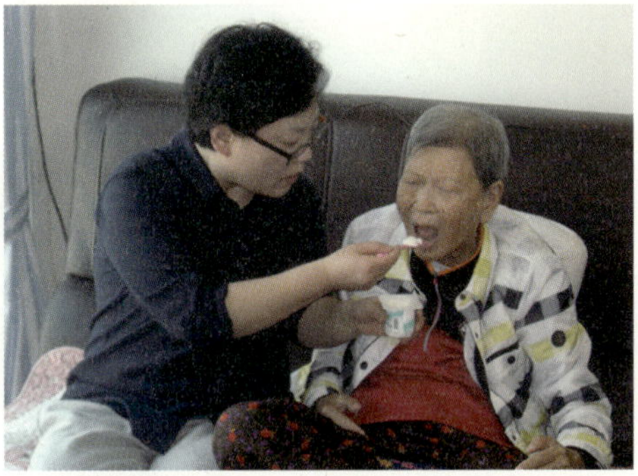

-헌월이 시어머님에게 요플레를 드리고 있네요.-

*** 우엉차를 먹으며 오늘 뉴스를 보니 미국, 영국, 프랑스가 시리아를 공격했다. 화학무기를 사용해서 응징한 것이다. 7년째 전쟁을 치르고 있는데 사람들이 약 50만 명 사망했다고 한다. 그러고 보면 평화만큼 아름다운 것도 없다. ***

8. 숙명

어쩔 수 없이
떨어진다
폭포다

-설악산 토왕성 폭포-

*** 같은 나무에 있는 가지들일지라도 각기 다른 하늘을 본다. 그러다가 여름이 되면 하나가 되어 푸르르다. 우리 인생도 그렇다. 살면서 수 많은 다른 경험을 한다. 그러다가 나이가 많아지면, 그 경험들이 하나가 되어 푸르러진다. 그리고 인생을 돌아보면 어쩔 수 없이 찾아왔던 숙명이었다는 것을 알게 된다. ***

9. 이심전심

진달래가 피는 듯
싶더니

벚꽃이 피었다.

지금은 라일락이
피었다.

-양주시 불곡산-

*** '가는 정이 고와야 오는 정도 좋다.'라는 말이 있다. 봄이 오니 꽃이 핀다. 꽃이 시작되니 가을까지 이어진다. 이런 축제가 있을까? 깨달음도 한 번 열리면 영원히 축제이다. ***

10. 봄

땅도 나무도
새들 까지도
기지개를 켠다.
맘껏

-춘천 용화산-

*** 바위를 보면서 이런 느낌이 들었다. 비와 바람에 얼마나 고생스러웠을까? 또한 천둥과 번개가 칠 때면 얼마나 가슴을 졸였을까? 그렇게 생각하며 앞을 보니 유난히 반질반질한 나무가 있다. 모퉁이를 돌면서 수 많은 사람이 잡았기 때문이다. 이것 역시 시련이 이만저만이 아니다. 하필이면 그 많은 자리에서 그곳에 태어났을까? 하지만 그 난관이 있었기에 나무는 뿌리를 더 깊이 내렸고, 바위는 남이 흉내낼 수 없는 자태를 갖게 되었다. 그러고 보면, 삶을 이해할 때 자신 안에서 봄이 자란다. ***

11. 만남

연못 위에

빗방울이
떨어진다

연주를 한다

-소백산 옆 저수지에서-

*** 만남은 가슴을 설레이게 한다. 바람이 없다면, 나무가 운동할 일이 있을까? 비가 없다면 곡식이 자랄 수가 있을까? 남과 여가 없다면, 당신은 이 세상에 없을 것이다. 그러고 보면. 만남은 연주를 탄생시킨다. ***

12. 생존

수 많은 풀들
삶의 기술이 있다
자신만이 아는

-충남 보령 오서산에서-

*** 총동문회 산악회에 나간 지도 꽤나 오래 되었다. 이곳이 있기에 나는 많은 산을 오를 수 있었다. 그런데 산을 오르다 보면, 눈에 띄는 것이 숲이고 나무들이다. 저렇게 많은 나무들이 각기 다른 모습으로 생명을 유지하는 것을 보면 신기하다. 적은 나무는 적은대로 큰 나무는 큰대로 열심이들 살아간다. 태풍에 허리가 꺾여진 나무도 잘 살고 있다. 그 가운데서도 바람이 강한 산의 정상에서 보는 억새풀은 대단하다. ***

13. 코스모스

기다리며 핀
가을
설레이며
사랑을 전한다

-철원에서-

*** 오늘도 길가에 있는 코스모스를 한참 들여다 보았다. 특히 시골길에 핀 코스모스를 보면 그렇게 좋을 수가 없다. 집에 온 지금도 코스모스를 생각하면 마음이 설렌다. ***

14. 희망

빛줄기 하나
내면을 비춘다
어둠을 삼킨다

그림자를
걸어 나간다

-철원에서 이북을 바라보며-

*** 평창 올림픽이 어제 끝났다. 평창이 역대 최고였다고 외신이 극찬했다. 경기 운영과 숙소 등 모든 것이 훌륭했다고 한다. 총 92개국의 나라가 출전해 한국은 메달 17개로 7위를 했다. 평창 올림픽에는 140만여 명의 관중이 몰렸고, 테러 없는 안전 올림픽이었다고 한다. 토마스 바흐 위원장은 "평창 올림픽은 모두가 크게 만족한 올림픽으로 기억될 것이다."라고 했다. 대한민국의 미래가 밝다. ***

15. 운명

언덕 위에 섰다
한 세월을 온몸을 다해
맞서 본다
아무 소용이 없다

-하남시 검단산에서-

*** 나는 젊었을 땐 무언가를 이루어 보려고 애를 썼다. 하지만 그럴수록 고통이 많았다. 생각도 많이 해야하고 속았다는 생각이 들 때는 분노도 일어났다. 나이가 들면서는 순응하는 법을 익혔다. 그러자 행복이 많아졌다. 어려운 일이 닥칠 때는 배움으로 생각하고, 의견이 안맞을 때는 나의 이익보다는 바른길이 어떤 것인가를 생각했다. 그리고 닥쳐오는 모든 일을 긍정적으로 보았다. 공자는 말씀하시길 60세에 이순이라고 하셨다. 귀가 순해지는 것이다. 남의 얘기를 잘듣게 되는 것이다. ***

16. 만개한 벚꽃

팔을 벌리고
하늘을 바라보며
파안대소를 하고 있다
내 앞에서

*** 웃음만큼 소중한 것은 없다. 웃음은 보약이다. 특히 천진난만한 어린아이의 웃음은 어느 나라 사람의 것일지라도 아름답다. 그 귀한 모습을 나는 활짝 마음을 연 벚꽃에서 본다. ***

17. 미세먼지

산의 능선만
보인다

더 심해지니
능선도 안보인다

사념에 가렸다

-연천군 고대산에서-

*** 이 시를 대하니 노벨 평화상 수상자인 엘리비젤의 글이 떠올른다. “사랑의 반대는 미움이 아니고, 예술의 반대는 추함이 아니며, 삶의 반대 역시 죽음이 아니다. 이 모든 것들의 반대는 무관심이다.”라고 한 글말이다. ***

18. 개인의 자유

참새의 길이 있다
까치의 길이 있다
꾀꼬리의 길이 있다

한 공간 안에

-충남 보령 오서산에서-

*** 이렇게 완벽하게 주어졌음에도 어느 사람은 불평을 늘어놓는다. 비교하는 마음 때문이다. ***

19. 틈

이 틈에도
저 틈에도
돌 틈에도
싱그러운 풀이 솟아 나오고 있다

생각과 생각 사이의 틈을 보고 있다

-충남 보령 오서산-

*** 수행 초기에는 아버님이 이 세상이 꿈이라고 하셨을 때 이해가 안되었다. 모든 것이 실제였기 때문이다. 그런데 수행을 오래 하니 이 세상은 완전히 영상이다.***

20. 단풍

산의 기운이
만든 절정이다

-전북 임실의 옥정호-

*** 사람들을 다양하게 만나보니 그 중에도 격이 높은 사람이 있다.그런 사람과는 인간관계를 계속해서 유지하게 된다. 왜냐하면 인품이 깊기 때문이다. 단풍도 가을이 되니 산의 격을 높인다. 그러고 보니 임실 군청의 한순주 계장님과 이은자 선생님이 생각난다. 그곳 다문화 가정을 함께 돕다가 옥정호에 와서 마음을 잠시 쉬었던 기억 말이다. ***

21. 사념

파도가 친다

강하다가
약하다가
잠잠하다가

주인 행세를 한다

-제주도 쉬리언덕-

*** 커다란 배를 타고 필리핀 세부에서 마닐라로 향할 때이다. 바다 한가운데에서 파도가 세어지니 그 큰배도 휘청휘청 댄다. 혹시 이러다가 뒤집어질수도 있겠다 싶었다. 그런데 그후 필리핀에서 그 큰배가 뒤집어져 많은 사람이 죽었다는 기사를 읽게 됐다. 사념도 파도를 칠 때면 자살도 생각 하게 된다. 며칠 전에도 내가 아는 지인이 자살을 했다. 검찰 조사가 시작되기도 전이다. 심적인 압박을 못견딘 것이다. 그러고 보니, 사념이 어른 행세를 한다. 그러기에 자승도 사념을 없애기 위해 열심히 수행을 하고있다. ***

22. 행복

나비는
꽃만
찾아다닌다

-양수리에서-

*** 요즘은 메르스 때문에 난리다. 중동에서 온 이 호흡기 전염병이 매일 뉴스의 촛점이다. 마스크가 약국마다 동이 났고, 그 많던 중국 관광객들도 보이지 않는다. 그런데 오늘 신문에 중국에서 사기치고 한국으로 도망온 사람이 메르스 때문에 다시 중국으로 들어갔다가 체포되었다고 한다. 그러고 보면 살고자하는 마음은 누구나 똑같다. 또한 행복도 자신 안에 있다.(2015년 6월 9일 화)***

23. 가뭄이 든 마음

비가 안오니
단풍이
이쁘지가 않다

-충북 제천 월악산에서-

*** 제 주변에 암 말기인 사람도 있고, 실직된 사람도 여럿 있다. 또한 세상을 들여다 보니, 마음들이 너무나 메말라 있다. 특히 IS의 프랑스 테러를 보니 더욱 그렇다. 그러고 보면 여유, 배려, 믿음, 사랑은 마음의 단풍을 더 이쁘게 만든다. ***

24. 겨울나무

숨을 죽인 채
꼼짝 않고 서있는
부동자세의
군인

-설악산에서-

*** 이 사진을 보니 겸재의 산수화가 생각이 난다. 진경산수를 그릴 때 마치 도끼로 장작을 쪼갠 듯 보인다 하여 부벽준이라 부르기도 했다. 그러고 보니, 이 산도 도끼로 쪼갠 듯 보인다. 나무들은 부동자세로 서있는 군인들 같다. ***

25. 삶

그동안
다양한 길을 걸어왔다
와서 보니
외길이다

-집 옥상에서 새벽에 찍음-

*** 살다보면 이 길도 가보고 저 길도 가본다. 제 자리를 뱅뱅 돌기도 한다. 결국 나중에 나이가 들어보면 외길이었다는 것을 알게 된다. 그렇게 운명이 지어졌기 때문이다. ***

26. 만족

정신 없이
날아다니던 나비
꽃 위에 앉으니
정숙해진다

-자작나무 숲에서-

*** 강원도에 있는 자작나무 숲을 오늘 들렀다. 이 숲이 있음으로 해서 수많은 사람들이 이곳을 찾아온다. 행복을 주기 때문이다. 슈바이처는 얘기했다. "진정으로 행복해지려는 사람은 남을 섬기는 방법을 발견한 사람이다"라고 했다. 그러고 보니 나비는 꽃을 섬긴다. ***

27. 수선화

한 가족이
오손도손 모였다

주둥이가 나온 노란 얼굴들을
서로에게 마주하며

마음의 시선은
같은 곳을 바라본다

거실에서

-2017년 3월 중순 나의 집 거실에서-

*** 대화는 소중하다. 특히 상대를 이해하는 대화는 아름답다. 서로를 마주 보며 자애로운 눈빛을 교감할 때의 그 가족을 나는 수선화에서 담아내어 보았다. ***

28. 청평사 구송폭포

두 마음 사이를

관통한다

하나가 되어 있다

-구송폭포-

*** 우리는 매번 갈등한다. 진로 문제도 그렇고, 결혼을 하니 이젠 돈 문제로 생각이 많다. 그래서 정신 없이 뛰니 나이가 벌써 50세이다. 앞을 보니 절벽이고 뒤를 보니 낭떠러지이다. 잠깐 눈을 깜빡 거리니 60세가 넘었다. 그래도 자식들 결혼을 시켜야 하니 방법이 없다. 나가서 무엇이라도 해야 한다. 그래서 자신은 '가벼운 택배일을 한다'고 전철 안의 노인석에 앉아있는 어르신들이 얘기하고 계신다. '그것이 우리들의 인생이다'라고 하시면서 ***

29. 영광

같은 나무에
피어있는 꽃이 있고
지는 꽃이 있다
나의 눈은 핀꽃을 향한다

-금옥 초등학교 교정에서-

*** 붓가는 대로 세월은 휘둘림을 당한다.
그럼에도 마른먼지 가득했던 운동장엔 부딪혀 부서지는 햇살이 가득하다.
이곳에 동문들의 땀이 활기를 심는다.
금옥 총동문회의 체육대회이다.
그들의 정성이 오늘의 수려한 산세를 형성했다.
그러고 보면, 영광은 노력으로 이루어진다. ***

30. 가을 등산

마음이 다른
낙엽들
서로 포개졌다

박달산의 길이
폭신하다

-파주 박달산에서-

*** 옛 상처들을 낙엽이 덮었다. 서로 마음이 다른 낙엽들이다. 이 위에 추억을 다시금 채울 것이며, 산길에 따스하게 내리는 햇볕은 더욱더 의미를 줄 것이다. 그러고 보면, 인생은 등산이다. 좀더 높은 고지를 향하는 사람도 있지만, 나는 얕으막한 산이 좋다. ***

31. 겸손

담을 낮추니
바람이 들락거리고
산새들도 찾아와 지저귄다
오늘은 다람쥐도 놀러왔다
벗들이 많아졌다

-전북 부안 내소사에서-

*** 자신을 비우면 비운만큼 행복이 많아진다. ***

32. 삶의 몸부림

나뭇가지 마다
눈이 더욱
꼭 붙들고 있다
산이 높을수록

-무주 덕유산에서-

*** 아는 사람이 식사하고 나오다가 문지방에 머리를 찧었다. 오른손으로 머리를 만지더니 뜨뜻하다고 한다. 그러더니 곧 피가 뚝 뚝 뚝 하고 떨어지는 것이 아닌가? 마침 함께 있던 일행 중 한 사람이 서둘러 구급차를 불렀다. 그리고 곧 순천향병원에 도착하니 마취도 안한 생살을 호치키스로 7개를 박았다. 옛날 같으면 된장만 발라도 될 일을 병원까지 왔다며 너털웃음을 짓는 이윤천씨의 모습에서 삶의 연륜이 느껴졌다. 하지만 지금 사람들의 현실은 어떠한가? ***

33. 감동

날고 있는
무리진 기러기
내 마음에
파문을 일으킨다

-한강에서-

*** 천둥오리 새끼들이 부모의 보호를 받으며, 헤엄치는 모습은 아름답다. 지금은 갈매기도 많다. 어제는 벤치에 앉아서 하늘을 보니 새매 여러마리가 빙글빙글 돈다. 그러니까 새들만 해도 수천 마리는 되어 보인다. 요즘은 가마우지도 보인다. 한강에서의 이야기이다. 그럼에도 물고기가 물 밖으로 솟아오르는 것을 보면 대담하다는 생각이 들었다. ***

34. 인종차별

노란 개나리

붉은 매화

하얀 벚꽃

모두가 꽃이다

향기가 나는

*** 자주 놀러가는 친구의 그 동네에는 외국인들이 많다.특히 흑인들이 눈에 많이 띈다. 오늘은 초등학교 4년인 흑인 학생을 보게 되었다.마을버스를 함께 탔는데 한국말도 잘하고 운전수에게 인사도 깎듯이 했다. 몇 년 전 엄마와 손잡고 다니던 어린아이였는데 많이 컸다. 그러니까 처녀가 나이트에 놀러갔다가 하룻밤 잠을 잔 게 애를 밴 것이다. 주위의 만류에도 불구하고 혼자서 그 애를 키우겠다고 고집을 부리더니 애가 이제는 많이 어른스러워졌다. 큰길로 나서면 이 사람 저 사람이 쳐다보는데 신경 안쓰는 흑인 학생모습에서 대견스러움이 느껴진다. 그러고 보면 사람만큼 아름다운 꽃도 없다.***

35. 나눔

떨어진 벚꽃

풀잎 위에서
한들거린다.

풀꽃이 되었다.

*** 아는 지인은 술을 워낙 좋아한다. 그리고 술 욕심이 많다. 어제는 와이프 모르게 새벽 2시에 일어나 불도 안켠 채 술병을 입에다 갖다대고 들이켰다. 그리고 한참을 웩-웩 거렸다. 갑자기 집안이 난리가 났다. 석유를 먹었던 것이다. 그러고 보면 욕심은 자신을 무의식 상태로 만든다. 하지만 나누는 마음은 자신을 풍성하게 만든다. ***

36. 싹

땅 위에
귀가 솟아나와 있다.
봄의 소리를 듣고 있다.

*** 내가 가장 존경하는 사람은 고인이 되신 나의 아버님이시다. 명상의 눈을 뜨게 해주셨기 때문이다. 또한 매일같이 저녁이면 함께 대화를 나누었다. 그 대화가 지금은 큰 가르침이 되어 나의 인생을 풍요롭게 한다.***

37. 아파트

이곳 저곳에
성벽이 세워져 있다
마음의 담이
높아졌다

–설악산에서–

*** 어린 시절 간디는 힌두교에서 금하는 고기를 몰래 먹기도 하고, 남의 돈을 훔친 일도 있었다.
어느 날, 간디가 자기의 잘못을 글로 써서 아버지에게 드리자 아버지는 눈물을 흘리며 간디를 용서해 주었다.
그날 아버지가 흘린 눈물은 간디에게 사랑의 힘을 일깨워 주었고, 그것은 뒷날 간디의 비폭력 정신의 바탕이 되었다.
그러고 보면, 아파트만 높은 것이 아니다. 용서를 못한다면 그 마음도 높은 것이다.***

38. 수박씨

반을 자르자
드러난 검은 씨앗들
아니
태양의 흑점이잖아

*** 오늘은 어머님이 몸이 안좋아서 어제에 이어 오늘도 밤을 꼬박 샜다. 그런데 밤을 새는 것은 느낌이 좋다. 익숙치 않았던 새로운 세계를 느껴볼 수 있다. 또한 조용히 냉장고 소음을 즐길 수가 있다. ***

39. 카페

새장 안의
앵무새들
즐겁게
지저귄다

-양수리에서-

*** 오늘은 옥수동에 있는 카페에서 대기업 임원인 의성과 마주 앉아서 과학자에 대해서 얘기했다. "한 번도 실수를 해보지 않은 사람은 한 번도 새로운 것을 시도한 적이 없는 사람이다."라고 얘기한 아인슈타인에 대해서 말이다. ***

40. 채송화

줄기마다
마음을 모아올린다
매일같이
새 얼굴이다

*** 나의 책상 오른쪽엔 지금 달팽이가 왔다갔다하고 있다. 상추에 붙어온 것을 헌월이 나에게 주어 벌써 몇 개월째 키우고 있다. 그릇 안에서 지루해 하지않고 잘 크는 것을 보면 고맙다. 매일 음식으로 주는 것은 상추이다. 왼쪽엔 채송화가 있다. 이것 역시도 화분 안에서 움직이지 못하고 있다. 매일 먹는 것은 물이다. 나는 날마다 무엇을 먹고 자랄까? 기도와 명상이다. ***

41. 사람들 모습

이산 저산
전부 다르다
자기 멋에 산다

-도봉산에서-

*** 이 시를 보니 영화배우 오드리 햅번의 말이 생각난다. 아름다운 입술을 가지고 싶으면 친절한 말을 하라. 사랑스런 눈길을 갖고 싶으면 사람들에게서 좋은 점을 봐라. 날씬한 몸매를 갖고 싶으면 너의 음식을 배고픈 사람과 나누어라. ***

42. 마음

어디가
얼굴인지
알 수 없는 구름

-비행기 안에서 찍음-

*** 구름을 마주 대하니 "지혜로운 자는 어리석게 보이며, 큰것은 형체가 보이질 않는다고 한 노자의 글이 생각난다. 그러고 보면 아버님께서는 아침이면 마당에 나가 채소에 물을 주셨다. 그리고 주변에 옥수수를 심었다. 저것이 자랄까 싶었는데 나중에 크게 자랐다. 옥수수가 많이 열렸다. 그리고 내가 중2가 되자 아버님은 나의 마음에 명상이라는 씨를 심으셨다. 명상이 자라니 노자의 무위자연 처럼 살게 된다."***

43. 어둠

하나의 언어로
모든 마음을
내려놓게 한다

*** 시의 언어는 함축이다. 수많은 말들을 단 몇 글자로 나타낸다. 어둠은 수없는 낮의 형상을 하나로 간단하게 정리한다. 그러고 보면 어둠만큼 대단한 시가 또 있을까? ***

44. 잠자리

뒷짐지고
왔다갔다 하는
동네의 어른
급한 것이 없다

*** 아는 친구의 얘기다. 어린시절 어머님이 집 마당에서 키우는 닭을 한 마리 잡으라고 했다. 닭을 잡아서 목을 비틀었다. 그런데 순간 닭이 도망갔다. 어머님은 살려고 저렇게 애쓰니 그냥 놔주라고 했다. 닭은 목이 비틀어진 채 더이상 크지도 않고 오래도록 살았다. 그 때의 어머님 말씀이 교훈이 되어 지금은 주변을 돌아보며 산다고 한다. 그렇게 사니 마음이 급한 것이 없다고 했다. ***

45. 자리바꿈

참새가 앉았다가 떠나자
까치가 앉았다
이번엔 까마귀가 앉았다
같은 전깃줄 자리에

*** 학생시절에의 일이다. 나 자신에게 의문을 던졌다. 왜 나는 태어났을까? 왜 허무함은 오는 것일까? 깨달음은 있는 것일까? 그런 생각들이 같은 전깃줄에 수 없이 앉았다가 떠났다. 그 의문이 지금의 나를 명상가로 만들었다. ***

46. 상상

계속해서

변한다

흰구름이다

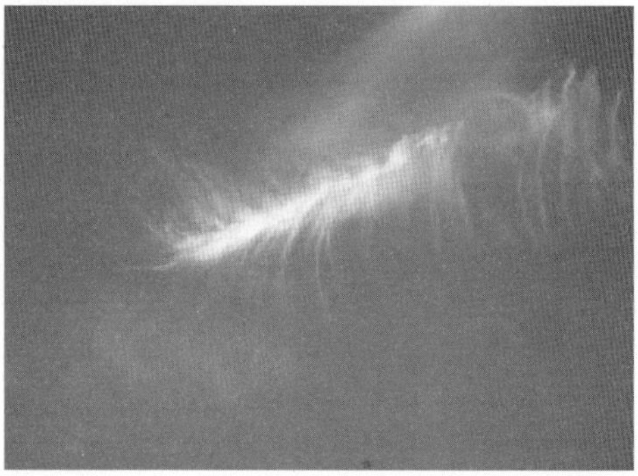

*** 어린시절 많은 상상을 했었다. 특히 외국여행에 대해서도 생각을 많이 했었는데, 그 덕에 나이가 들어서 외국여행을 곧잘 다녔다. 아는 지인은 오늘 이런 얘기를 했다. 친구들과 러시아를 여행했었는데, 입고 있던 겉옷 포켓에 넣어두었던 썬글라스를 일행 모두가 잃어버렸다. 참으로 황당했었다고 한다. 아무도 그것을 눈치채지 못했다는 것이 더 신기했었다고 했다. 그러고 보면, 눈은 마음을 따라간다. 마음이 바깥에 있으니 눈치채지 못한 것이 당연하다. ***

47. 책

마음에서
실이 뽑아져 만들어진
집 하나

*** 불교에는 금강경이 있다. 이 "금강"은 단단하고 예리함을 뜻한다. 물렁하고 둔탁하면 번뇌를 끊지 못한다. 무엇이 단단하고 예리하단 말인가? "지혜"이다. 그러고 보면, 사람도 지혜가 담겨 있을 때 더 사랑스럽다. 그래서 아프리카 속담에 노인 한 분이 사라지면 도서관 하나가 사라졌다고 한다. ***

48. 사람들의 삶

올라갔다 싶으면
내려가고
내려갔다 싶으면
올라가는 등산길

-충북 제천 가은산에서-

*** 동창 중 두 사람이 밤에 관광버스를 탔다. 아침에 일어나서 식당에 간 뒤에 깜짝 놀랬다. 자신들 두 사람만 빼고 모두가 여자였기 때문이다. 그래도 십여명은 남자이겠지 하고 생각했던 것이 전혀 어긋났다. 그러고 보면 인생도 예기치 않은 일이 가끔 일어난다. ***

49. 잠

낮에는 서로가
각자다
밤이 되니 같은
바다에 이른다

-연천군 고대산에서-

*** 많고 다양하던 나뭇잎들이 추운 겨울이 되니 떨어졌다. 생각도 수도 없이 많지만 관조를 열심히 하면 모두 떨어진다. 그리고 깨달음이 일어난다. 같은 바다에 이른다. 그러고 보면, 무의식일 땐 서로가 각자다. ***

50. 예술인

자연 속에

핀

향기 짙은 풀꽃

*** 연암 박지원은 친구들이 많다. 홍대용, 박제가, 정철조, 이덕무 등 그리고 그들을 정조는 사랑했다. 그러고 보면, 정조 역시 예술에 조예가 깊다. 그의 곁에는 단원 김홍도가 있었다. 정조의 명령으로 일반인들의 생활을 그림을 그려서 알려 드렸다. 정조는 얘기했다. "단원, 네 붓끝에 내 꿈을 실어도 되겠느냐?" 그러고 보면, 예술인은 자연과 많이 닮았다. ***

51. 콩나물

서로들

목에다

힘을 주고 있다

*** 뿌리는 얕다. 에고는 강하다.***

52. 수명

먼저

핀 꽃이

먼저

진다

같은 나무에서

-김포에 있는 문수산에서-

*** 얼렸다가 녹인 홍시처럼, 오늘의 산행은 느낌이 너무 좋다. 날씨는 적당하고, 햇볕은 손등 위로 따사롭게 앉는다. 정상에서 본 하늘은 마치 우리를 환영하는 듯하다. 또한 산행 못지않게 좋았던 것은 산행 후 시장을 거닐 때이다. 마치 보약을 먹은 듯 피로가 풀린다. 손마다 들은 봉지엔 시장에서 장사하는 아낙네들의 정겨움이 가득하다. 그 정경을 보니 아버님이 금남시장에서 아픈 어머니를 대신해 장을 봐오시던 모습이 눈에 선하다. 하지만 벌써 고인이 되셨다. 많이 그립다. ***

53. 늦은 가을

은행나무가
황포 비단길을 깔았다
자신을 내려 놓았다

*** 따스한 햇볕을 쬐며 벤치에 앉아 있는데 독자분이 옆에 앉았다. 이혼문제 때문에 고민이 많은 것이다. 알고보니 두 동서가 자꾸 부추기는 것이다. 나는 이혼하지 말라고 했고 그녀는 자신을 내려놓으니 마음이 편하다고 했다. 같이 온 또 한 사람은 며칠 전에 청소하다가 한쪽 눈을 선인장에 찔렸다고 한다. 내가 손가락이 몇 개냐고 물으니 전혀 안보인다는 것이다. 세상에 이런 일도 있구나 싶었다. 늦은 가을의 일이다. ***

54. 고정관념

가지마다
굳어진 눈꽃

-옥수동 매봉산 용바위-

*** 나는 매봉산에서 가끔 외국인을 만난다. 한국여자와 만나 이 근처에서 살고있는 사람도 꽤나 된다. 오늘도 한 영국인을 만났다. 그는 얘기했다. 유럽만 해도 저녁에는 위험해서 돌아다니지 않는다. 한국은 새벽 3시에 밖에서 술을 먹어도 위험하지 않다. 밤 문화가 너무 좋다는 것이다. 영국은 지하철에서 스마트폰이 안되는데 한국은 된다. 그것도 되다 말다 하는 것이 아니라 아주 잘된다. 그리고 한국인 부인과 가끔 외식을 하는데 특히 닭강정을 좋아한다고 했다. 그는 남북이 대치되어 있는 한국에 대해 고정관념이 많이 달라졌다고 했다. ***

55. 그믐달

새벽이
지나가는 것을
바라보고 있다.

까치발을 세우고

*** 명상에서 중요한 것은 관조이다. 바라보는 것이다. 처음 수행 땐 몸을 바라보고, 수행이 오래 되면 마음을 바라본다. 까치발을 세우 듯 간절하게 자신을 바라본다. 또한 명상은 홀로 있으면서도 행복해지는 길이다. ***

56. 12월

별빛이
달빛이
내려와 앉는다

캐롤이 되었다

-동해에서-

*** 어린시절 천주교를 다니며 많은 추억을 가졌다. 특히 크리스마스가 되면, 금호동 성당에서 선물을 받았던 생각이 난다. 봉투 안에는 다양한 과자들이 가득 들어 있었다. 그 당시는 무척들 어려운 상태라서 먹어보지 못한 과자였다. ***

57. 새해

태양이

힘차게 솟아 오르고

있다

묵은 옷을 벗어 던졌다

-정동진에서-

*** 깨끗한 돌처럼 마음을 정화시키고 나왔다. 묵은옷을 벗어 던지고, 힘차게 솟아오르는 태양은 그 마음으로 괘방산을 안았다. 그리고 정동진 바다의 먼 곳까지 시선을 보낸다. 그러고 보면, 바다는 몸을 불리질 않는다. 홍수가 일어나 강물이 많은 물을 보내도 바다는 평상심을 잃지 않는다. 오늘도 이 교훈을 마음에 새기며 앞에 놓인 정동진 바다를 나는 기도하 듯이 응시했다. 새해의 아침이다, ***

58. 세월

막다른 골목길
타고 넘어간다
바람이다

-충북 괴산 산막이 옛길-

*** 어린시절 미래를 생각하니 너무나 멀다. 안보이기 때문이다. 나이가 들어
지나온 일을 생각하니 세월이 너무나 빠르다. 이미 겪었기 때문이다.***

59. 대화

동네를
한 바퀴 돌았다
또
동네가 있다

*** 나는 대화를 즐긴다. 요즘은 몇몇 지인들과 카페에 모인다. 동네의 구석구석까지 화제가 된다. 수십년 전의 모습이 생생하게 다시 만들어진다. ***

60. 얼굴

지금까지
흘러왔던 집약된
삶

-충북 옥천에서-

*** 어린아이 얼굴은 해맑다. 이 순간에 살기 때문이다. 나이가 들면서 얼굴은 심각해진다. 과거가 쌓이기 때문이다. 그러고 보면, 얼굴엔 과거의 모습이 응축되어 있다. ***

61. 설경

선한 생각을
입히니
산마다 멋이
깊다

-설악산-

*** 산을 오르며 오늘은 유달리 마음이 들뜬다. 발걸음을 옮길 때마다 뽀드득 거리는 소리, 분단장을 이쁘게한 나무들, 가슴에 숨겨 놓았던 그리움을 꺼내놓은 얼어붙은 폭포, 내가 보고 싶었던 설악산 설경이다. ***

62. 쥐불놀이

동심을 담아
달무리를 만든다
너도 나도

*** 언젠가 나도 쥐불놀이를 했던 적이 있다. 깡통에 못으로 구멍을 여러개 낸다음 불을 넣어 돌린 경험이 있다. 친구들과 여기 저기서 돌리면 이것도 꽤나 멋스러움을 만든다. 마치 멀리서 보면 달무리처럼 보인다. 그러고 보면, 인력이란 대단하다. 달은 지구와의 간격을 유지하고 있고, 우주의 별들은 질서가 있질 않은가? ***

63. 화합

길 양편에 선
나무들
눈이 내리자
눈꽃터널이
되었다

*** 88올림픽 때 세계에선 한국이란 나라가 신선했다. 얼굴을 알린 것이다. 2002년 월드컵 땐 너도나도 붉은 옷을 입고 뛰쳐나와 엄청난 단결된 모습에 세계가 놀랬다. 이번 평창 동계 올림픽에선 경찰의 친절함에 고마워 했고, 거리는 깨끗해서 많은 외국인들이 감동을 받았다고 한다. 또한 트럼프의 딸인 이방카가 왔고, 이북에선 김정은의 여동생인 김여정도 왔다. 세계가 한 자리에 모였다. ***

64. 봄추위

봄 기운에

녹는 겨울

그 끝이 날카롭다

*** 그 동안은 희망으로 살아왔다. 하면 된다고 생각하고 앞만 보고 살았다. 이제 언덕에 앉아서 발을 뻗고 쉬다가, 나를 돌아보니 젊음은 온데간데 없다. 혹시 잡을 것이 있을까 생각해 보니, 별로 기억나는 것도 없다.
아- 이것이 인생인가? 지나온 삶이 칼끝이 되어 나를 찌른다.
오늘 산에 올라 정상에서 식사를 하려고 하는데, 비까지 주룩주룩 내린다.
그러고 보면, 역시 인생은 모였다가 사라지는 구름같다. 허무하다.
하지만 살아있다는 것이 어딘가? 바람을 느끼고, 마을을 거닐 수 있다.
그리고 벗들과 차 한 잔을 기울일 수 있다.
나이가 드니 즐길 것이 더 많다. 마음을 긍정적으로 바꾸니 다시 즐거움이 넘친다. ***

65. 봄기운

누가
군불을 때나
아지랑이
피어 오르네

*** 겨울을 녹이는 것은 봄이다. 얼었던 마음을 녹이는 것은 긍정적인 마음이다. 에고를 녹이는 것은 명상이다. 그때 아지랑이가 피어 오른다. 자비로운 에너지이다. ***

66. 철로

평행을
유지한다
영혼과
육신의 길이다

*** 몸은 건강해야 하고, 영혼은 맑아야 한다. 그때 철로는 알맞게 잘 뻗는다.***

67. 옛 추억

그대는 아는가

나의 고향을

첩첩 생각을

헤쳐 들어가면

드러나는

*** 언덕에서 아래를 내려다 보면, 어느 것이고 경치가 된다. 어릴적 마음에 담아져 있는 얘기를 나눌 때면 그 모든 것이 풍경이 된다. 어제는 형제들과 대화를 나누었다. 그때는 만화가게에서 전투를 보았다고 했다. 아이들은 빽빽했고, 여자 아이는 한 사람도 없었다. 모두가 TV에서 눈을 떼지 못했다. 센더스 중사가 나오면 모두가 환호를 질렀다. 전투가 시작되었기 때문이다. 그러고 보면, 지금도 형제들 끼리 모이면 할 말이 많다. 옛 추억에 대해서 말이다.***

69. 옥상에서 본 보름달

하늘에
일원짜리 구리 동전을
붙여 놓았다
누군가가

*** 지구에 달이 없다면 얼마나 삭막했을까? ***

69. 화목한 가정

섬들 사이로

애기가
흐르고 있다

기품이 있다

-진천에서-

*** 꽃은 나비가 있어야 어울린다. 나무엔 새가 있어야 멋이 있다. 그리고 호수엔 잔잔한 바람이 있어야 운치가 있다. 또한 가정엔 화목한 대화가 있을 때 서로의 마음을 기댈 수 있다. ***

70. 밝은 성격

꽃이
활짝 피었다
눈길이 간다

*** 사람도 만나보면 밝은 사람이 좋다. 거기에 인품까지 있으면 더 좋다. 요즘은 동네도 많이 아름다워 졌다. 카드 덕분에 소매치기가 없어졌고, CCTV 덕분에 도둑이 없어졌다. 얼마 전엔 외국인을 만났는데 공원에다 깜빡 잊고 귀중품을 두었다고 한다. 나중에 가보니 그대로 있었다며. 그 덕에 한국에 눌러앉게 되었다고 얘기했다. 나까지도 기분이 좋아졌다. ***

71. 5월

아카시아꽃
진한 향기에
취한다

요즘 나는
벌이 되었다

*** 사람들 마다 취하는 곳이 있다. 내가 아는 지인은 와인만 찾아 다닌다. 어느 사람은 막걸리만 먹는다. 나는 5월이면 아카시아꽃 옆에 앉아 있다. 그 향기에 이끌린다.***

72. 군무

하나 하나
정지되어 있는 소나무 군락
전체적으로 보았다
춤이다

*** 소나무는 굴곡이 있다. 굴곡이 있기에 아름답다. 인생도 굴곡이 있다. 굴곡이 있기에 가치가 있다. 내 인생을 돌아다 보았다. 춤이다. ***

73. 스트레스

폭탄이 굴러 다니고 있다
언제 터질지 모른다
표정을 감추고 있다

*** 전철역에서 오늘 이런 글을 읽었다. 어린시절 한강에서 배를 탄 기억이 있다는 것이다. 노를 저어 보라고 했는데, 아무리 저어도 배는 그 자리에서 뱅뱅뱅 돌 뿐이다. 그뿐만이 아니다. 배가 적어 좌우로 움직이니, 배멀미까지 일어났다. 그러자 누워서 하늘만 쳐다보고 있던 주인은, 벌떡 일어나더니 목적지를 보며 저으라고 했다. 그렇게 하자 정말 배는 그리로 움직이기 시작했다는 것이다. 스트레스도 길을 알면 단번에 풀린다. 그 길은 긍정적으로 마음을 돌리는 것이다. ***

74. 의식

풀도 나무도
자라기 위해
안간힘을 쓴다
땅은 조용하다

-홍천 수타사 앞에서-

*** 어린시절 우리집의 우물은 맛이 좋았다. 그런데 윗쪽으로 사람들의 집이 늘어나자 우물맛이 안 좋아졌다. 그래서 공동수도에 가게 되었는데 줄이 끝도 없이 길었다. 기다려 보니 몇 시간 기다리는 것은 보통이다. 안되겠다 싶어서 새벽 2시에 갔다. 가자마자 바로 물을 받을 수는 있는데 잠을 설쳐야 했다. 이것도 의식 안에서 일어난 일이다. ***

75. 가랑비

힘이 없어 보인다

지친 기색이
역력하다

나뭇잎은 생기가 돈다

*** 내가 있음으로 해서 주변에 어떠한 영향을 미칠까? 나의 힘은 미약하지만 주변에 좋은 영향이 되었으면 바란다. ***

76. 동네 살구나무

윗 가지엔
새들을 위해

아랫가지엔
사람들을 위해

노랗게 익은 살구열매
배려하는 마음이 크다

*** 내가 닮고싶은 모습이다. ***

77. 속 마음

큰 손으로
씨를 감추고 있는
오동나무

아래에서
올려다 보았다.

속을 나에게 들켰다

-응봉동에서 오동나무 꽃-

*** 태어날 때 귀하지 않은 사람이 있을까? 하지만 생애가 저물 때 귀하게 떠나는 사람은 많지 않다. ***

78. 잔디

숨쉴 공간도

없이

촘촘히 부벼대던

풀들

올해도 싱그럽다

*** 생각은 대단하다. 매일같이 새롭게 자라난다. 촘촘히 부벼대며 자라나는 모습은 싱그럽기까지 하다. 그러고 보면 각자가 잔디를 가지고 있다. 그리고 각자가 그 잔디의 주인이다. ***

79. 바다

바라보니
오늘도 푸르다
진실된 얼굴은
항상 젊다

-대부도 해솔길에서-

*** "군자는 의리에 밝고, 소인은 이익에 밝다"라고 하였다. ***

80. 인덕

검은 구름
살을 찌운다

비를
내린다.

*** 어린시절 아버님은 마당 한 가운데에 있는 밭에 고랑을 파신 뒤에 나에게 씨를 주면서 뿌리라고 하셨다. 얼마 지나자 싹이 돋더니, 나중엔 배추와 무우가 엄청 커졌다. 또한 호박과 가지도 풍성해졌다. "어떻게 조그만 씨가 저렇게 커질 수 있을까?"하고 물으니 "너의 마음 안에도 '도'라는 씨를 심으면 그것이 큰 나무가 되어 너는 그 그늘에서 쉬게 될 것이다."라고 하셨다. 나는 지금 그렇게 살고 있다. ***

81. 더위

매미들이
아우성이다

사람들을
대신해

-소리산에서-

*** 시골의 길은 한가롭다. 흰구름은 산봉우리에 등을 기대고 있고, 잠자리는 텅빈 집을 순회한다. 냇물은 재잘거리며 발걸음을 분주히 하고, 산들바람은 풀들의 뺨을 몇 번이고 어루만진다.
윈스턴 처칠은 얘기했다. "생활은 가진 것으로 꾸려가지만 삶은 베푸는 것으로 이루어진다." 그러고 보면, 모두는 자신이 할 일만 하는 것 같지만 베풀고 있다. 나는 오늘 소리산 근처의 시골길을 거닐며 여름날의 더위를 고요히 들여다 보고 있다. ***

82. 생활공간

서로 다른 화분들
꽃을 가두어 놓았다
마음 안에다

***"행복한 삶의 비결 중 하나는 소소한 즐거움을 끊임 없이 느끼는 것이다."
라고 얘기한 아이리스 머독의 글이 오늘따라 생각이 난다. ***

83. 귀뚜라미 소리

서늘하다

가을을 깨운다

-제천 천등산에서-

*** 전기가 없을 땐 밤이 두려웠다. 어둠은 또 다른 공포였다. 불과 수십년 전만 해도 사람들은 그것을 경험했다. 그리고 그때 들었던 노랫가락이 천등산 박달재였다. 이 노래로 많은 즐거움을 갖기도 했다. 그 천등산을 오늘 열심히 올랐다. 그러고 보면, 과거는 시간적으로 보면 어둠이다. 미래는 빛이다. 그 가운데 현재가 있다. 집에 와서 창문을 여니 귀뚜라미 소리가 가을을 들려준다. ***

84. 땀

꽃잎 위에
맺혀진 이슬
경이롭다

*** 열심히 사는 서민들의 모습이다. ***

85. 번뇌망상

이리저리
건너 뛴다
건반을 두드린다

-설악산 울산바위-

*** 북설악 신선대는 설악산의 끝 자락이자 일만일천봉의 첫 봉우리라는 신선봉 아래 자리하고 있다. 이곳에서 오늘 울산바위를 바라보고 있다. 또한 자신 안의 번뇌 망상을 보고 있는 느낌이 들기도 한다.(2016년 10월 2일 일요일)***

86. 수행

꽃을 피우기 위해
온힘을 다한다
무심히 지나가는
번뇌 속에서

-파주 고령산-

*** 삶의 속도는 각자가 다르다. 나무가 그렇고 동물이 그렇다. 사람 또한 전혀 다르다. 그래도 변치않게 와 닿는 것이 있다. 좋은 마음이다.며칠 전에도 고령산을 내려오는데 경사가 심하게 가파랐다. 다행히 중간 중간에 나무들이 있어서 잡고서 내려올 수가 있었다. 이 나무들을 보면서 성인들 생각이 났다. 그러고 보면, 붓다·예수·노자 등 성인들은 나의 스승이다. ***

87. 황희의 교훈

비바람
눈보라에도
뜨겁게 살아있는 가르침

역사 속에
담겨졌다

반구정에
정좌를 하고 앉으니
내면에 새겨져 갔다

-파주 반구정에 있는 황희의 동상-
(2016년 9월 25일 일요일)

*** 달섬문학회에서 파주에 있는 반구정을 갔다. 나 자신이 글을 쓸줄 안다는 것이 너무 감사했고, 나는 이 느낌을 시로서 남겼다. 그러고 보면, 황희는 태종이 무척 아꼈고, 하루 이틀이라도 만나지 못하면 꼭 불러서라도 만나 의견을 나누었다. 세종 때는 18년이나 영의정으로 재직했으며 그가 만년에 기러기와 벗하는 정자라는 뜻을 가진 반구정에서 유유자적하게 보냈다. ***

88. 오지

시인 안에
숨겨진
자그마한 정원

*** 명상도 하나의 오지이다. 전혀 때묻지 않은 신비이다. 이것을 자신의 마음 한 켠에 놓아두면, 텃밭이 된다. ***

89. 화석정에서

천천히 오갔을 그곳에 섰다.
겹겹이 쌓여있는 세월의 임진강을 보았다
귀 기울여 보았다
이율곡의 큰 말씀이 불을 지핀다

-화석정에서 본 임진강-

*** 이율곡은 천재라고 한다. 13세에 진사시에 합격했고, 29세에 문과의 초시, 복시, 전시에 모두 장원으로 합격했다. 그외에도 생원시를 비롯해 다 합쳐서 9번을 장원했다. 따라서 구도장원공이라 일컬었다. ***

90. 10월

바람에

흔들린다

다양한 색깔의

마음이다

-남한산성에서-

*** 걷는 걸음이 가볍다.
안개는 자욱하고, 나무들은 시인이 되어 자연을 음미하고 있다.
그동안 삶의 다양한 경험을 겪으며 살아온 나무들이다.
그 경험들이 소나무 한 그루 한 그루를 작품으로 만들었다.
걷고 있는 지인들도 나이가 있으니 10월의 모습이 되어 있다.
한 사람 한 사람이 작품이 되어 있다. ***

91. 모과

나무에 열린 참외
무거워 낑낑댄다
자기가
낳아놓고서

*** 사람들이 힘들어 하는 것을 나는 간혹 본다. 자신이 낳은 번뇌 때문이다. ***

92. 들국화

너를 보면
느낀다

깨어나는
어릴적 그리움을
어찌할줄
모른다

-충남 보령 오서산에서-

*** 황금빛 어린시절이라고 했던가? 우리집은 마당이 넓었다. 집옆에는 개울물이 있었고 물은 맑았다. 앞마당에는 나비들이 끊임 없이 찾아왔다. 아침이면 안개가 신비스러움을 자아냈다. 어린 나는 들국화 앞으로 걸어갔다. 그리고 조용히 앉았다. 그 추억이 또다른 노랑나비 흰나비가 되어 매일같이 내 가슴 속으로 날아든다. ***

93. 회암사지

양주시에서
호흡을 길게 내쉬었다.

고요 속에
드러난
오랜 그리움의 절터

*** 김문억 시인, 최천숙 시인, 이영애 시인, 허순행 시인과 나는 회기역에서 아침 10시에 만나 양주로 향했다. 절터엔 그 당시 사용했던 맷돌도 있었고, 돌로 만들어진 욕조도 있었다. 또한 그 당시 사용했던 우물도 있다. 약 이천여 명이 머물렀었다고 하니 그 규모에 탄성이 나왔다. 이성계도 왕에서 물러난 뒤 이곳에 머물렀었다고해 우리는 그 발자취를 천천히 걸었다. ***

94. 무지

밤에 본 나무들
마네킹처럼 서있다
구분이 가질 않는다
서로가

*** "과이불개"라는 말이 있다. "잘못을 알고도 고치지 않으면 또한 잘못이다."라는 뜻이다. 잘못을 알면 반드시 고쳐야 한다. ***

95. 과거

잎사귀가 전부
떨어졌다

나무의 생김새가
드러났다

*** "사람들을 인도하려면 앞이 아니라 뒤에서 해야한다."라는 글이 있다. 덕망이 있는 자의 행동이다. 나무도 잎사귀가 떨어지니 그동안 어떻게 살아왔는지가 보인다. 그러고 보면 과거는 미래를 사는데 큰 가르침을 준다. ***

96. 용문사 개울물

끊임 없이
중얼 거린다
염불을 한다

염불도 수행의 한 방법이다. 단 깨어 있으면서 해야한다.

97. 천태만상

옥상에서
낙엽을 한 움큼 던졌다

빙글빙글 도는 것
둥실둥실 춤추는 것
삶의 길이 전부 다르다

-제주도 산방산-

*** 우리의 삶은 하나같이 전부 다르다. 모습도 그렇고 처한 상황도 그렇다. 길도 비슷해 보이는데 각자의 길이 따로 있다. 역시 삶은 신비이다. ***

98. 용문사 은행나무

뿌리에
온 정신을 모았다

손을 높이들어
받들었다
천년이 넘은 역사를

*** 연암 박지원도 많은 친구가 있었다. 그중 홍대용과는 무척 각별했다. 홍대용이 중국에서 지인들과 얘기하다가 이런 말을 했다. "수재는 방 안에 있어도 천하를 안다." 그러고 보면, 용문사 은행나무도 이곳에 있지만 천하를 아는 듯한 표정이다. ***

99. 격려

물을 준다
빛을 쬔다
나무가
잘 자란다

-남한산성에서-

남한산성을 오르니 길은 잘 닦여졌고, 양쪽 옆으론 소나무들이 군락을 이루었다. 두 팔을 힘있게 뻗어 만세를 부르 듯 서있는 것, 분수가 올려치 듯 줄기차게 보이는 것, 그 중에서도 특히 나의 마음을 사로잡은 것은 안정된 느낌의 소나무이다. 지금 와서 보니 그것이 최고라는 생각이 든다. 그러고 보면, 격려만큼 마음에 도움을 주는 것도 없다.

100. 아픈 경험

마음 이곳에
옹이가 있다
저곳에도
옹이가 있다
향내음이 짙다

*** 길 가는 누구라도 잡고 물어보면 상처가 없는 사람이 있을까? 상처가 아물면 옹이가 된다. 나무도 대패질해 보면 옹이에서 더 향내음이 난다. 그리고 향내음은 인품을 높인다. ***

101. 악 조건

바위 위의 소나무
아담한 체구에
기품이 있다
서로를 보호한다

-영월 구봉대산에서-

*** 산의 정상 부근에서 오늘 나는 느낀다. 기쁨을 주는 야생화들을 보았고, 항상 그 자리에서 중심을 잃지않는 바위들을 보았다. 소나기가 적시고 햇볕이 말려도 그들의 자리는 언제나 변함이 없다. 사람들의 삶도 그렇게 빛과 그림자가 되어준다. 언제나 그 자리에서 ***

102. 생각의 무리

흰 구름은 흰 구름을
부른다

검은 구름은 검은 구름을
불러들인다

하늘은 넓다

-정선의 어느 마을-

*** 추사의 글 중에서 이런 글귀가 생각이 난다. 작은 창에 햇볕이 많아 나로 하여금 오래 앉아 있게 한다는 글귀다. 선비의 공부방을 묘사하는데 이보다 더한 표현법이 있을까? 그러고 보면 생각은 같은 색깔을 불러들인다. 사람도 같은 부류끼리 모인다.***

103. 고생

굽이굽이 도는 강
흐르면서
볼 것이 많다

경험이 많다
배움이 크다

*** 활이 과녁을 맞추지 못하면, 궁수는 자신을 탓하지 남을 탓하지 않는다는 글을 읽은 적이 있다. 고생은 자신이 하는 것이다. 따라서 어려움을 느끼고 보는 것도 자신이다. 그로 인해서 좋은 경험을 하고 미래를 더 아름답게 살게 된다. ***

104. 인생무상

바람이 세찰수록
더욱 사나워 보였던 나뭇잎들

가을이 깊어지자
힘 없이 떨어진다
이것저것 가리지 않고

*** 살면서 사람들은 밤을 새우면서 때론 고뇌를 한다. 피할 수 없는 커다란 운명에 길바닥을 한 없이 서성거리기도 한다. 그래도 다시 마음을 다잡고 사납게 일어섰다. 그렇게 했음에도 이제 나이가 들고 말았으니 꼼짝없이 떨어진다. 정말로 인생은 무상하다. ***

105. 함박눈

상처 입은 발자국
눈이 이쁘게 담긴다
쌓인다

가슴마다 메꾼다

-홍천 공작산에서-

*** 산행은 아름답다.
특히 눈덮힌 산행은 더욱 아름답다. 그런데 거기에다 함박눈까지 내리면, 그 느낌은 환상적이다.
그런데 그 함박눈은 모서리라고 지나치지 않는다.
뒹굴러 다니는 나뭇가지라고 외면하질 않는다.
그에겐 모두가 안아주어야 할 대상이다.
나의 가슴에도 쌓여갔다. ***

106. 삶의 지혜

눈덩이는
커진다
구르면서

*** 어릴 적 이런 얘기를 들은 기억이 있다. 얘는 이렇게 착해서 나중에 이 험한 세상을 어떻게 살까? 커서 보니 정말 그렇다. 거기엔 착함만 가지곤 안된다. 지혜가 필요하다. 그러고 보면, 세상을 구를 땐 흙도 묻을 것이고, 뾰족한 돌에도 찍힐 것이다. 그 갖은 경험이 이 세상을 헤쳐 나갈 수 있는 삶의 지혜를 만든다. ***

107. 봄 느낌

너그러워진다

산도

들도

사람도

-축령산에서(화전민이 살던 집)-

*** 그렇게 사납던 겨울도 미소를 보인다. 끝에 오니 봄이 주고 있는 배려라는 마음이 온화한 표정으로 맞아주기 때문이다.
그러고 보면, 산도 들도 사람도 너그러운 마음 앞에선 자신을 숙인다.***

108. 냉잇국

먹는다

봄을
봄내음을

나도 봄이 되었다

*** 봄나물 중에는 냉잇국이 으뜸이다. 특히 어머님이 해주신 그 맛을 잊을 수가 없다. ***

109. 아지랑이

희망이 오른다

소망이 솟아 오른다

곳곳에서

*** 아지랑이는 한 곳에만 일어나질 않는다. 이곳 저곳에서 일어난다. 사람도 희망이 생기는 순간 귀도 밝아지고, 눈도 더 초롱해진다. 피부도 생기가 돈다. 그러고 보면, 세종대왕도 강단있는 황희, 겸손한 맹사성, 사교적인 윤회가 있어서 소망을 이루는데 큰 도움이 되었다. ***

110. 별

수 많은 눈들이
반짝인다
진리에 대한
열정이다

*** 어느 문인이 나에게 이런 얘기를 했다. 왜 어렵게 수행을 하세요? 나는 대답했다. 삶의 궁금증을 풀기 위해서이다. 그래서 이 길을 지금도 꾸준히 걷고 있다. 그리고 이 길을 걷게 되면, 에너지들을 자각하는 순수한 의식만이 남게 된다. 그리고 그것은 영원히 변하지 않는다.
그 순수한 의식이 본래의 "나"이다. 그리고 그것을 깨우친 날부터 인생은 매순간이 축제가 된다. ***

111. 고심

굳은 마음 위에
기지개를 켠다
일어난다

잡풀이다.

*** 지나다가 시간이 나서 공원을 산책하고 있었다. 한 사람이 고개를 푹 숙인 채 앉아 있어서 말을 건넸다. 그는 결혼은 했는데 직장이 없어서 이곳에 있다고 했다. 집안에 있으니 와이프가 자꾸 꼬집어서 나왔다는 것이다. 나는 앞에 있는 자판기에서 커피 두 잔을 뽑았다. 그러자 그의 마음이 조금 부드러워 졌다. 어떻게 살지 막막하다고 한다. 용기가 안난다는 것이다. 그래서 용기를 줘야겠다 싶어서 다음날 그 자리에서 다시 만나기로 했다. 그는 나오지 않았다. ***

112. 옥수동

가슴마다
샘물이 솟아나오는 이곳

독서당을
품고 있는

나의 고향이다

삶이 지어낸
아름다운 보석이다

-옥수동에서-

*** 나의 고향은 너무 많이 변했다. 나의 집터도 흔적도 없이 사라졌다. 그래도 다행히 매봉산은 그대로 있다. 멀리 사는 친구가 오늘 찾아왔다. 그와 같이 매봉산 주변을 걷는다. 그의 추억이 깨어난다. ***

113. 인천 무의도

숨을 고른다
장군복을 입고
몸을 가볍게 돌린다

멈춘다

완성을 향한 몸짓이다
미완의 춤이다

-인천 무의도 입구-

*** 인생은 완성을 향해 간다. 그러고 보면, 미완의 춤은 많은 의미를 남긴다. ***

114. 찔레꽃 향기

서로를 다독이며
눈만 뜨면 찾았던

어릴적 동네
친구들의 체취

조용히 눈을 감고
맡는다
그리움이 짙다

*** 자기 소개를 일치감치 하는 계절이다. 오늘따라 갑자기 날씨가 더워졌다,찔레꽃을 보니 느티나무처럼 동네에 뿌리를 깊이 박고 있었던 할머니 할아버지들이 생각이 난다. 서로들 인정이 넘쳤고, 동네의 큰 그늘이 되어주셨다. 돗자리를 펴놓고 둘러앉아 이런저런 얘기들을 하실 때면, 우리들은 그 곁에 앉아서 지나온 그분들의 이야기를 경청했다. 그러다가 친구들이 모이면, 동네를 마음껏 뛰어다녔다.
특히 산에 올라가 찔레꽃의 향기를 맡고 다녔던 추억은 지금도 그립다.***

115. 철부지

병아리를
팔 위에 올려 놓았다
기어 올라온다

놔두었다

*** 내가 호주에 있는 시드니에서 전철을 탔다. 변두리는 어떨까 궁금해서였다. 그런데 저쪽에서 역무원 2명이 오면서 표를 일일히 검사하고 있질 않는가? 그런데 내 근처에 있던 서양인 여행객이 걸려들었다. 표를 끊지않고 탔던 것이다. 그러고 보니 탈 때는 아무도 확인하는 사람이 없고 개찰구도 오픈되어 있어서 얼마든지 탈 수 있는 것이다. 그런데 두 역무원에게 잡혀가는 모습을 보니 안되었다. 사리를 헤아릴 줄 모르니 철부지라는 생각이 들었다. ***

116. 인내

파도를 많이 접한
돌미역
최상급에 팔린다

끝까지 견딘 덕이다
바위에 붙어

*** 수행은 인내라는 말이 있다. 우리 가족은 모두 수행을 열심히 한다. 나와 헌월을 비롯해서 말이다. 아버님이 정성을 다해 가르치신 덕이다. 신에게 감사를 드린다. ***

117. 산책

여백을

걷고 있다

무릎

즐기고 있다

내 안의

-인천 무의도의 해변-

*** 유태인의 속담 중에 "태양은 당신이 없어도 뜨고 진다."라는 말이 있다.
이곳이 있다는 것을 나는 처음 알았다.
그리고 무의도의 정상에 서 있으니 어느 쪽을 바라보아도 마음이 트인다.
어느 곳에 서 있어도 바닷바람이 있어서 시원하다.
하느님께서 이스라엘의 왕 솔로몬에게 무엇을 가장 원하느냐고 묻자 그는 지혜를 원한다고 했다. 해변가에 서 있으니 지혜를 얻은 기분이다.
나는 눈을 감고 앉아서 내 안을 산책했다.***

118. 이끌림

나비들이

분주하다

욕망을 쫓아서

*** 어느 지인이 이런 얘기를 했다. 어린시절 아버지가 가끔 무엇인가를 맛있게 드셔서 본인도 먹고 싶었다. 꿀은 마음껏 먹게 했는데 그것은 주질 않았기 때문이다. 마침 아버지가 아래 동네에 가셔서 아버지 서랍에서 그것을 조금 훔쳤다. 그리고 집 뒤로 가서 입에다 얼른 넣었다. 얼마나 쓴지 죽는줄 알았다고 한다. 삽주였던 것이다. 그러고 보니, 아버지는 소화불량이 있어서 드셨던 것이다. 호기심도 과하면 욕망이 된다. ***

119. 에고이스트

물기 빠진

가래떡

돌이다

*** 나와 동생은 어린시절 연탄난로 위에다 가래떡을 구워 먹는 것이 일상이었다. 그렇게 맛있을 수가 없었다. 밖에서 놀다가도 집에 들어오면 떡꾹처럼 잘려진 가래떡을 구워서 먹는다. 그러다가 어느날 책상 밑에서 우연히 긴 가래떡을 발견했다. 그것도 구워 먹을려고 하니 망치처럼 단단했다. 물기가 빠졌기 때문이다. 그러고 보니 사람도 마음에서 수분이 빠지면 인정사정 없는 독한 인간이 된다. 사기꾼이 된다. ***

120. 매미

맴맴맴
마음 안에 숲을 만든다
예나 지금이나

*** 오늘은 매미 소리를 들으며 달을 보고 있다. 어릴 적 들었던 매미 소리가 지금도 귀기울이면 동심을 깨운다. 둥근달은 어떤가? 정조가 규장각 서재에 걸어놓고 늘 바라보던 글이 있다. “만천 명월 주인옹”이다.모든 냇물에 골고루 비추는 밝은 달과 같은 늙은이다. 그 글귀를 마음에 담고 매미 소리를 들으며 달을 보니, 마음 안의 숲이 더 풍요로워 진다. ***

121. 공경 못받는 어른

순서가 있게
피던 꽃

함께 핀다
앞뒤가 없다

진달래 개나리 벚꽃

-응봉동 대현산 공원에서-

*** 길을 걷다가 오늘은 한 아저씨가 젊은이를 꾸지람을 주다가 오히려 한 소리 듣는 것을 보았다. 요즘은 어른들의 체면이 말이 아니다. 그런데 친구 선친은 고인이 되신 지금도 자식들로 부터 존경을 받고 있다. 한 번은 친구 가게에 손님이 왔다. 찾는 물건이 없자 그냥 나가려고 몸을 돌렸다. 옆에 앉아 계시던 친구의 아버님은 박카스를 꺼내어 주셨다. 손님이 가자 아버님은 친구에게 내 가게에 들어온 손님은 빈손으로 가게해선 안된다고 하셨다. 그 말씀이 지금도 친구를 베풀며 살게 하셨다. ***

122. 재주

숨겨져 있던
거미줄

물을 접하면
드러난다.

경이롭다

*** 공자는 신분이 천했다. 하지만 젊은시절 무척 박식했던 그는 임금님으로 부터 잉어를 하사받았다. 그 때부터 그는 누구에게도 당당했다. 귀족들이 모인 곳에 가도 잉어를 하사받은 사람이기에 부러움의 대상이 되었다. 우리 집안은 선대 할아버지 때 임금님으로 부터 홍포를 하사받았다. 대원군 시절 천주교 박해가 시작되자 족보를 홍포에 싸가지고 첩첩 산중인 구장리까지 도망갔다. 그럼에도 자부심이 대단했다. 홍포를 하사받은 선비의 집안이었기 때문이다. ***

123. 일편단심

어린시절
두루 비추던 보름달

지금 나이들어
보았다
변함이 없다

*** 나는 머리가 둔했다. 할줄 아는 것이 없었다. 하지만 아버님은 나를 인정해 주셨고, 덕분에 명상을 꾸준히 했다. 아버님과 함께 전철 명상도 했고, 집에서 종로까지 걸으며 하기도 했다. 그렇게 변함 없이 하니 39세에 변화가 왔고, 주변의 소음이 지복으로 들려오기 시작했다. 45세엔 가슴에서 배구공만한 투명한 것이 빠져 나간뒤 3일 있다가 한 번 더 빠져 나갔다. 마치 비눗방울 같은 모양이었다. 그 때부터 인생이 달라졌다. 따라서 46세에 책을 냈고, 지금은 6번째 책을 쓰고 있다. 일편단심으로 한 길을 걸은 덕이다. ***

124. 놀이터

수면 위로
펄쩍 뛰었다

다른 물고기가
또 뛰었다

이번엔 잉어가
공중에서 한 바퀴 돌고는
멋있게 입수한다
연못 안으로

*** 이 세상은 놀이터다. 심각할 필요가 없다. 태양이 뜨고 밤이 되면 별들이 반짝인다. 밖에 나가면 나무들이 바람에 맞추어 운동을 하고, 길가의 꽃들은 머리를 흔들면서 반겨준다. 시내에 나가니 사람들이 바쁘게 움직인다. 앉아서 쉬는 사람, 양손을 맘껏 뻗고 기지개를 켜는 사람, 책을 보는 사람, 옆을 보니 상점들이 줄지어 서있다. 너무 아름다운 세상이다.***

125. 진천에서

하늘이
경청하고 있다

새소리
바람소리
천년을 이어온
농다리 삶의 애환을

-고려시대에 만든 진천 농다리-

*** 오늘은 이런 뉴스를 접했다.70대 할아버지가 보이스 피싱에 걸려든 것이다. 금감원이라고 하면서 누군가 그 돈을 빼 갈려고 하니, 그 돈을 이쪽으로 이체하라고 했다. 은행 직원이 물어보면 아들 사업자금 때문에 그렇다고 대답하라고 했다. 혼비백산해서 은행으로 갔다. 은행 직원이 이상해서 자꾸 물어보아도 아들 사업 때문에 그렇다라고 했다. 여기저기서 찾은 돈을 그가 시킨대로 한쪽으로 몰아넣었다. 지금까지의 보이스 피싱 중에 개인으로서 가장 큰돈이다. 한순간에 9억원이 날아갔다. 어리석음에 하늘도 눈물을 흘릴 지경이다. ***

126. 직장

좁은 공간에
심은 배추들

옆으로 퍼지지 않고
위로 솟는다

서로들 신경을 쓴다

-삼척시 덕향산에서-

*** 모두가 동지이면서도 경쟁관계이다. ***

127. 번민

나뭇잎이 많고
키가 큰 나무

더 크게 흔들린다
태풍이 불자

-의정부시 사패산-

*** 사람들은 번민이 많다. 과거와 미래가 있기 때문이다. 명상가는 번민이 없다. 이 순간에 머물기 때문이다. 사람들은 이 순간을 하찮게 여긴다. 대신 과거와 미래를 중시한다. 명상가는 이 순간을 전부로 여긴다. 그렇게 되기 위해 끊임 없이 수행을 한다. 이 순간은 지복으로 가득하다. ***

128. 분꽃

입술을 내민 채
서로 다른 곳을
바라보네

삐졌나

*** 이것도 삶의 과정이다. 하지만 오랫동안 삐졌다. 남과 북이 말이다. 그런데 오늘 오전 9시 30분에 김정은 위원장과 문재인 대통령이 판문점에서 만났다. 역사적인 순간이다. 온 국민이 더할 수 없이 기뻐한다.(2018년 4월 27일 금요일) ***

129. 본성

풀잎 위에
이슬이 맺혔다

더할 수 없이
아름답다

*** 자신 안으로 들어가 본 적이 있는가? ***

130. 가을 산책

낙엽을

밟고

들국화를

보고

하늘을

가슴에 담으며 걷고 있다

바람이 시가 되어 나를 맞아준다

*** 편백나무, 잣나무, 전나무, 소나무 등 침엽수엔 좋은 것이 있다. 러시아의 토킨 교수가 처음으로 피톤치드라고 명명했다. 초여름부터 가을까지 많이 발산하며 사람이 피톤치드를 호흡하면 피부와 마음이 맑아져 안정을 가져온다. 건강에도 매우 좋다. 나는 오늘 산책을 하다가 소나무 숲으로 들어갔다. 그곳 벤치에 앉으니 마음이 개운했다. 그러고 보면, 산책만큼 나를 경쾌하게 만드는 것도 없다. 바람이 마중나와 주니 더욱 그렇다. ***

131. 좌절

늦은 가을
몇몇 남은 나뭇잎들
풀이 죽은 모습으로
나를 보고 있다

나도 도울 수가 없다
운명이다

-전북 임실 산골 마을에서-

*** 살면서 좌절을 안겪어본 사람이 있을까? 그러고 보니 임실에는 다문화 가정이 많다. 필리핀, 베트남 등 다양한 처녀들이 이곳에 시집와서 산다. 나는 많은 가정을 방문했다. 무척 어려운 사람들도 있었지만 좌절하지 않는다. 또한 임실 군청에서 많은 관심을 주어 행복하게 열심히 사는 모습을 보니 기분이 좋았다. 무척 열악한 환경인데도 말이다. 그러고 보니 말을 물 앞에다 데려다 줄 수는 있지만, 먹는 것은 본인이 해야 한다는 옛말이 떠오른다. ***

132. 문경새재

사람도
냇물도
바위도

한 바탕 크게 웃는다
단풍까지도

*** 예전엔 선비들이 과거시험을 보기위해 한양을 향해 올라가던 길인데, 그 모든 것이 지금 생각하니 꿈과 같아서 한 바탕 웃고, 주변을 둘러보니 경관이 너무 아름다워서 또 한 바탕 웃는다. 사람도 냇물도 바위까지도… ***

133. 부모 사랑

여름엔
햇볕을 가려준다

가을엔
떨어져 땅을 덮어준다

잎사귀가

*** 어머님이 오늘 치매 중에 이런 말씀을 하셨다. 환청과 싸우시며 하는 얘기다. "나는 죽을 때가 되었으니 묻으시고, 아들은 살아야 되니 묻지 마세요." 치매 어머님이 하시는 말씀이다. ***

134. 말 조심

앞뒤 거리를 보며
조심 조심
차를 움직인다

깜빡 했다간
꽝

*** "예불유절"이라는 글이 있다. 예의를 갖춘 사람은 매사에 자신을 조율할 줄 안다. 따라서 자신을 절제하여 도를 넘지 않는다.
그러고 보면 산책이라는 북카페에 가서 나는 책을 자주 본다. 그곳은 원장과 더불어 직원들도 아름답다. 모두가 예의가 바르다. 내 주변에 이런 곳이 있다는 것이 너무 기쁘다. ***

135. 추위

가지런한
이빨이다

사랑니가
돋았다

-홍천 이광영 화백의 집에서-

*** 어린시절 나는 추위를 사랑했다. 썰매를 탈 수 있었기 때문이다. 집 아래에 있는 연못이 얼어붙으면 동네 친구들이 모두 모인다. 하루종일 그곳에서 논다. 그 추억이 지금도 가슴을 설레게 한다. 아버님께서 사주신 썰매다. 그 기억을 안고 홍천에 있는 이광영 화백에게 놀러갔다. 주변을 걸으니 밭마다 눈이 쌓여 있다. 개울가도 얼어 붙었다. 동네를 한 바퀴 돌고는 둘이서 커피 한 잔의 향기를 명상으로 삼았다. 아침에 일어나 앉으니 창밖으로 눈이 나를 반긴다. ***

136. 치매 노인

날이
흐리다

능선만 남았다
산의

-연천군 고대산-

*** 치매 노인도 자신의 삶이 있다. 이 세상은 누구나 자신의 경지만큼 산다. ***

수필

1. 꽃밭

며칠 전 달섬 문학회에서 출판 기념회를 가졌다. 5번째 책인 "작은 이야기"를 냈기 때문이다. 꽃도 한아름 안겨 주었는데 "아스트로 메리아"이다. 그 꽃을 거실에 두고서 바라보다가 또 다른 지인으로부터 선물 받은 매화가지도 함께 꽃병에 넣었다.

하루가 지나 아침이 되니 거실이 향기로 가득했다. 나는 매화차를 들다말고 눈을 감았다. 내가 어느새 벌 한 마리가 되어 꽃들 사이에서 분주하게 움직이고 있었다. 꽃밭에 있었다.

-전북 부안 내소사에서-

2. 태풍

오늘은 비가 주룩주룩 내린다. 어머님과 헌월은 앞에 있는 쇼파에 앉아 있다. 어머님이 좋아하시는 케익을 헌월이 수저로 떠드리면서 나는 어머님의 딸이야 하니 어머님이 웃음을 터뜨리신다.

나는 이쪽 쇼파에 앉아서 신문을 펼쳐 들었다. 홍콩에서 독감으로 오백여 명이 죽었다는 기사가 눈에 들어왔다. 얼마 전에 우리나라도 메르스로 인해 초비상이 걸렸었기에 관심이 갔다.

그때 창문 밖으로 나무가 휘청댄다. 태풍이 지금 올라오기 때문이다. 바람은 신이 났는지 나무의 머리채를 잡고 막-흔든다. 조금 있으니 뿌리 채 뽑힐 것 같다.

창문도 심하게 흔들렸다. 하늘은 먹구름이 인상을 잔뜩 찌푸리고, 골목 사이로 지나는 바람소리는 괴성을 지른다. 다시 밖을 보니, 길가에 그 많던 사람들은 다 어디로 갔는지 보이질 않는다. 저녁이 되니, 집집마다 불빛만 고요하다.

그러고 보니, 밖은 태풍의 세상이다. 까치들도 둥지 안에서 숨을 죽이고 있다. 우리 식구들도 방 안에서 조용히 있다. 그러고 보면, 번뇌가 아무리 강해도 "무" 속은 침범하지 못한다. 그래서 깨달음을 얻은 이는 죽음에 이르러서도 평온하다. 지금 태풍을 보니 번뇌가 날뛰는 것처럼 보인다.

-대부도 해솔길에서의 할매바위-

3. 죽음

요즘은 집 앞에 잠자리들이 왔다갔다 한다. 마치 동네 어른들이 뒷짐지고 왔다갔다 걷 듯 여유롭다. 태양은 강렬해도 아랑곳하지 않는다. 다행히 바람은 적당하다. 그렇게 한가하게 날던 그들도 죽음 앞에선 힘 한 번 제대로 쓰질 못한다. 길 바닥에 누워있는 잠자리를 보니 그렇다.

오늘은 어느 모임에서 저녁식사하고 나온 뒤 여러 명이 카페에 들렀다. 이 얘기 저 얘기 하다가 화제가 죽음으로 이어졌다. 한 사람이 얘기했다. 아는 지인이 병환 중에 굿을 해달라고 했다. 왜 그러느냐고 물으니 누가 옆에 왔는데 안간다는 것이다. 그리고 이틀 뒤에 죽었다.

이씨가 얘기했다. 자신이 너무 아파서 병원에 누워있는데 자신이 어딜 갔다는 것이다. 죽은 자들의 자리가 꽉 차 있는데 자신의 자리를 찾을 수가 없었다는 것이다. 그래서 다시 돌아오니 얼마 가지 않아서 몸이 좋아져 퇴원했다는 것이다.

그러자 박씨가 얘기했다. 젊은시절 고향에서 있었던 일이라며,

저녁무렵 냇가에 앉아서 황혼을 즐기는데 저쪽에서 여러 사람이 오더라는 것이다. 하도 신기해서 따라가 보았더니 한 집에서 오늘 제사가 있었다고 한다.

그러자 나도 예전에 지인으로부터 들은 이야기가 생각이 났다. 자신이 20세일 때 아버지가 돌아가셨다. 형제들 모두가 슬피 우는데 한 시간 정도 있으니 덮어 놓았던 창호지에서 뿌스럭 뿌스럭 소리가 나더니 다시 일어나시더라는 것이다. 그리고는 한 말씀 하셨다. 여러 선녀들에게 둘러싸여 저승문 앞에 이르렀는데 수문장이 마저 할말 다 하고 오라며 다시 돌려 보냈다는 것이다. 그런뒤 자식들 한 사람 한 사람을 불러 유언을 한 뒤 2시간 뒤에 힘이 빠진다며 다시 누웠다.

그리고 세상을 떠났다며 그 일을 겪은 뒤 자신은 저 세상에 대해서 많이 고민해 보았다고 했다.

또한 아버지는 생전에 동네를 위해서 좋은일을 많이 하셨기에 자신도 지금은 봉사와 기도를 열심히 하며 산다고 했다.

회원들 모두가 찻잔을 들었다.

4. 술

요즘 우리나라를 비롯해 여러 나라들이 어지럽다. 사람들 마음도 뒤숭숭하다. 거기다가 대통령 선거까지 겹치니, 주변은 정신이 없다. 내 주변엔 문재인 쪽과 안철수 그리고 홍준표 쪽이 극렬하게 대립한다. 그것은 내가 다니는 동창회도 예외는 아니다. 그래서 그런지 주변 사람들은 술을 많이 먹는다.

얼마전 옥수역 근처에 있는 빈 플래토 카페에서 동창인 원일이와 만났다. 약 50여년 만에 만난 친구다. 그 친구가 이런 얘기를 했다. 초등학교 5학년일 때 학교에서 옥수수 빵을 주었다. 그는 그 빵을 가지고 나오다가 어느 사람이 눈사람을 이쁘게 만들어 가지고 서 있기에 옥수수 빵과 바꾸었다. 자그마해서 주머니에 넣었다.

우리집에 와서 나를 주려고 주머니를 뒤지니 다 녹았었다고 한다. 그래서 나는 너의 마음을 수십년이 지난 오늘 기쁘게 받겠다고 했다. 그런데 그 친구도 술을 좋아한다.

두 체급 동양챔피언이었던 복싱선수인 아버지가 중학교 때부터 술을 가르쳤다고 한다. 덕분에 실수를 해본 일이 없다고 했다. 오늘은 증평에 있는 그에게 들렀다. 증평역에서 내린 뒤 먼저 칼국수 집으로 향했다.

그후 원일이 집에 도착하니 태양은 중천에 떴고, 인천에서 온 서영길 부부와 나 그리고 원일이 부부 5명이 파라솔 밑에 둘러앉았다. 우리 모두는 기분이 좋았다. 동네 고양이 3마리는 고기좀 얻어 먹을까 와서 눈치를 살피고, 닭장 안에 있는 닭들은 갑자기 나타난 고양이들을 보더니 화들짝 놀란다.

나를 제외한 모두는 술에 취해갔다. 태양은 강렬했고 바람도 마당을 서성거린다. 대추나무도 몸을 한쪽으로 삐딱하게 서있다.

이 세상을 살아가는데는 무의식적인 방법이 있고, 의식적인 방법이 있다. 명상은 의식적으로 되어가는 것이다. 의식적이 될 때 모든 것이 즐거워진다. 오늘 하루는 너무 행복했다.

5. 청평사를 오르며

봄이 지어낸 아름다운 이야기에 귀를 기울여 본다.

마음 안에 담고 있었던 화사한 꽃들의 춤에 시선을 고정시킨다.

냇물은 즐겁게 몸을 흔들며 흥얼거리고, 동창들은 여기저기 오손도손 모여 이야기 꽃을 한껏 피운다.

얼마전 나는 이광영화백과 총무인 지연이와 셋이서 답사를 왔었다. 춘천에서의 할머니가 하신다는 된장찌개를 맛있게 먹었고, 밖으로 나와 차에 올라타니 말짱하던 하늘이 갑자기 비가 쏟아지는 것이 아닌가? 이번엔 진눈깨비가 되어 차의 앞유리창을 사정없이 때렸다. 낙화암에서 궁녀들이 강을향해 몸을 내던지는 모습 같았다.

우리는 배를 타지않고 차로 청평사를 향했다. 봄을 밀어내려는 진눈깨비도 청평사 아래 개울물에선 꿈을 꾸 듯 힘 없이 부서졌다. 그 물가에 지금 다시 내가 서 있다. 친구들도 물을 조용히 내려다보고 있다.

오늘 아침 9시에 옥수역에서 모여 이곳에 온 동창들이다. 회장인 박성식이 손으로 가리켰다.

구송폭포이다. 봄의 허공에 메시지를 던졌다. 우렁찬 소리가 우리들의 정적을 반갑게 깨웠다.

2017년 4월 23일 일요일

-구송폭포-

6. 빈집

길을 지나다가 빈집을 보았다. 어깨는 한쪽편이 내려 앉았고, 벽틈 사이론 풀들이 자리를 잡았다. 부엌문은 꺾이어 인생이 이런 것인가 하는 느낌이 들었다. 마당은 잡초가 머리를 산발해 있었다.

나는 그 앞에 잠깐 서있다가 평촌에 볼일이 있어서 전철을 탔다. 자리가 한 자리 비어있어서 그리로 갔다. 자리에 앉으니 옆에 있던 사람이 자신을 소개한다. 저는 성이 "노"이고 이름은 "숙자"입니다. 제법 큰 사업을 했었다는 그는 노숙자인 것이다. 지금은 길거리를 전전하지만 다시 한 번 일어날 거라고 했다.

콧수염은 잘 다듬어져 있었고, 얼굴은 젊잖아 보였다. 피부는 하얘서 나는 몇 번이고 시선을 그에게 향했다. 그는 얘기 하기를 노숙자 생활을 해보니 개도 알아보고 더 짓는다고 했다. 쫓아낼려고 했다가 여러 번 물렸다고 한다. 몇 정거장 가더니 어느 교회에서 점심을 준다며 이내 일어선다.

나는 그때 영국의 시인인 윌리엄 블레이크의 시 하나가 생각이 났다. "한 알의 모래알에서 세상을 보고 한 송이 들꽃에서 천국을 보라. 그대의 손 안에 무한을 쥐고 순간 속에서 영원을 간직하라."

그러고 보면, 마음은 길이다. 방향만 약간 틀면 꽃이 만개한 곳을 걷는다. 빈집 또한 바른 주인만 있으면 사랑으로서 가득 찰 것이다. 노숙자도 마음을 바꾸니 사장이 되어 있더라고 얼마 전에 신문에서 읽었다.

-충남 보령 오서산 정상에서 찍음-

7. 졸업식

수민이 졸업식이다. 오전 10시에 범원과 성해 가족을 만나기로 해서 옥정 초등학교에 도착했다. 정문 안으로 들어서니 풀들이 몸을 땅 위로 내미느라고 분주하다. 나는 운동장 한쪽편에서 왔다갔다 걸었다.

소리를 높여 다툼하는 바람
서툰 발을 가지런히 잘 들여놓은 듯한 나무들
푸석푸석한 얼굴을 곱게 단장해 놓은 잔디

그때 범원이 가까이 왔다. 절룩거려서 물어보니 발바닥에 염증이 있다고 했다. 함께 행사장 안으로 들어서니 마침 수민이가 졸업장을 받고 있었다. 한쪽에서 함성을 지르며 박수소리가 요란하게 들렸다. 공부를 무척 잘하는 학생이기에 더 대견하게 느껴졌다.

아프리카의 어느 원주민들은 강을 건널 때 큰 돌덩이를 진다고 한다. 급류에 휩쓸리지 않기 위해서다. 그러고 보면, 무거운 짐은 자신을 돕는다. 수민이의 등에 이제 더 무거운 공부의 짐이 실릴 것이다. 수민이는 이 짐을 즐기면서 잘 지고 나아갈 것이다. 조용한 물이 깊다.

2017년 2월 17일 금요일, 수민이 졸업식

-남한산성에서-

8. 열차의 여행

인도의 뉴델리로 올라가기 위해 열차에 올라탔다.

침대칸을 못구했기에 바닥에 앉았다. 한 인도인은 나의 카메라에서 눈을 떼지 않는다. 나는 혁대에 찬 카메라를 배 앞으로 옮겼다. 그리고 등을 기댄 채 주변을 살폈다.

많은 사람이 앉아 있었고, 그들 사이엔 금을 그은 듯한 서로의 영역이 있었다. 모두는 아쉬움이 되어 이리저리 흔들렸다. 덜컹거리는 소리는 침묵을 쥐고 흔들어 댔고, 나는 그 소리에 귀를 기울였다.

그렇게 아침은 밝아왔고, 처음 보는 대학생들이 내 주위에 몰려들었다. 인도를 어떻게 생각하느냐고 물었다. 나는 신비로운 나라라고 대답했다.

인생을 어떻게 사는 것이 좋으냐고 물었다. 인도인들이기에 명상을 알 것이라 생각되어 명상을 하라고 했다. 그러자 한 학생이 명상을 하면 어떤 점이 좋으냐고 물었다.

긍정적인 마음이 생긴다고 대답했다. 그리고 그 긍정적인 마음은 당신이 어디에 있든지 주변에 향기를 진동시킬 거라고 했다.

또 더 나아가서는 마음과 자리를 바꾸어 의식이 주인이 될 것이라고 했다. 그때 진리를 체득하게 될 것이라고 했다.

지금 돌이켜 보아도 그때 그 학생들에게 잘 이야기 해주었다는 생각이 든다. 그들이 내 주변에 모여 오랫동안 눈을 반짝였으니까 말이다. 그들은 지금 무엇을 하고 있을까?

오늘 눈꽃열차를 타고 태백을 거쳐 풍기를 친구들과 갔다오면서 도란도란 이야기를 하니 지난 일이 생각났다. 여행은 언제나 즐겁다.

-남한산성에서 안개낀 날-

9. 밑받침 운동

오늘은 텔레비전에서 '백 투더 퓨처'란 영화를 보았다.

주인공이 타임머신을 타고 미래를 가보니 아버지가 살해되어 묘지에 안장되어 있었다. 주인공은 묘지 앞에서 펑펑 운다. 나도 아버님이 고인이 되셨기에 그 장면이 나의 가슴에 남았다. 쇼파에 앉아서 생각해 보았다.

아는 지인은 자랄 때 남부럽지 않게 자랐다. 공부도 잘해서 항상 부모님의 자랑이었다. 하지만 지금은 자식을 둘 낳았는데 둘 다 자폐아이다. 내가 소원을 물으니 자식들 보다 일주일만 더 살았으면 했다.

또 한 사람은 교수들끼리 모임을 갖은 뒤 새벽 2시에 택시를 잡으려고 서두르고 있었다. 비는 부슬부슬 내리고 있었는데 강남대로에서 차에 부딪혔다. 지금까지도 깨어나지 못하고 있다. 병문안을 가보니 부인과 자식들은 망연 자실해 있었다.

그런데 아는 후배는 봉사하는데서 40세 때 우연히 한 여자와 만났다. 서로는 가정을 꾸렸지만, 너무 가난했다. 하지만 서로가 사랑이 깊어서 금실은 무척 좋았다. 그런데 생각지도 않았던 자산을 부인 부모님으로 부터 물려 받았다.

못쓰는 돌산이었는데 그것이 갑자기 오른 것이다. 그는 나에게 얘기했다. "봉사하면서 사니 하늘이 도와주시네요."

나 역시 남에게 받침이 되는 "밑받침 운동"을 아버님에게 배웠다. 사소한 것에서 하루에 한 번 좋은 일을 하는 것이다. 마음의 각도가 변하니 나도 좋은 일이 많이 생긴다.

-30대의 아버님-

10. 치매

얼마전 옥수동에서 매봉산 둘레길 행사가 있을 때, 한 할머니가 고함을 지른다. 40세 정도 보이는 딸은 그럴 때마다 무언가를 입에 넣어주어 그 상황을 돌린다. 아마 초콜렛이 아닌가 싶다. 나도 치매 어머님을 모시는 입장에서 그녀의 힘든 마음이 이해가 되었다.

또 내가 아는 지인은 나와 대화하면서도 스마트폰으로 자신의 집 안방을 보고 있었다. 방 안에 계시던 어머님이 한참동안 안보이자 나와의 대화를 멈추고 신당동에 있는 집에 가보아야 한다고 일어섰다. 얼굴에는 걱정하는 빛이 역력했다.

한 번은 길가를 지나가는데 한 아저씨가 의자 위를 이리저리 넘어 다닌다. 옆에는 아주머니가 지켜서서 보고 있었다. 물어보니, 남편이라는 것이다. 60초반인데 벌써 치매가 왔다는 것이다. 사랑하는 사람이 저 상황이 되었을 때 그 마음이 어떻겠는가? 그래도 옆을 꼭 지켜주는 아주머니가 참으로 대단해 보였다.

우리 부부 역시도 아버님이 돌아 가신 뒤 치매 어머님을 17년째 돌보고 있다. 그래도 퇴근하고 오면 시어머님을 꼭 안아주는 헌월의 깊은 효심을 보면, 나는 항상 감사를 드린다. 얼마 전엔 효행상도 받았다.

오늘 아침, 쇼파에 앉아 있다가 창밖을 보니 아기 참새 3마리가 엄마 따라서 전깃줄에 앉았다. 조금 있으니 우리집 베란다로 놀러온다. 지저귀는 모습도 엄마를 꼭 닮았다. 나도 어머님을 많이 닮았다고 한다. 어머님을 우리 부부가 모실 수 있다는 것이 너무 감사했다.

-20세의 어머님-

11. 황당한 일

오늘은 마루에서 쇼파에 앉아 계시는 어머님을 운동시기려고 손을 내밀다가 벌렁 뒤로 나자빠졌다. 처음 있는 일이었다. 다행히 머리를 들었지만 꼬리뼈가 세게 부딪혔다. 오른쪽 갈비뼈도 내내 아팠다. 어머님이 밤에 치매가 심해서 며칠 잠을 설쳤더니 사고가 난 것이다.

저녁엔 조광연 박사와 만났는데도 아픔은 가시지 않았다. 우리는 옆에 있는 커피숍에 갔다. 나는 자세를 비스듬히 하고선 얘기를 이어갔다. 오늘은 공자의 일생에 관한 이야기가 주를 이뤘다. 그러다가 카페의 창문밖을 보니 차들이 크락션을 울렸다. 눈 때문에 차들이 밀리는 모양이다. 그때 얼마전 후배인 홍경희의 이야기가 떠올랐다. 신앙이 깊고, 정직한 그녀의 이야기가 생각이 난것이다.

한 지인이 콧노래를 부르며 차에 올라탔다. 친구의 아들 예식에 들렀다가 나오는 길이었다. 술에 대한 유혹을 잘 참고 나왔다. 숲 사이를 지나 언덕에 오르자 잠시 쉬고 싶은 생각이 들었다. 차를 멈추고 접이식 의자를 꺼내 들고선 나뭇그늘에 앉았다.

바람은 벗이 되어주었고, 햇볕은 대지 위에서 신났다. 나무들은 추억 속에 잠겨 조용히 사색하는 듯 보였다. 그때 누군가가 말을 건넨다. 노인분이었다. 몸이 안좋다며 차를 태워줄 수 있겠느냐는 것이다. 모시고 그분 집을 향해 내려갔다.

초인종을 눌렀고 그분의 아들이 나와서 차에 계시는 아버지를 깨우는데 이미 돌아가신 것이다. 그러자 지인은 갑자기 살인자가 되었다. 그 집에선 난리가 났고, 자신은 이렇게 억울할 수가 없었다. 좋은 일 하려다가 일이 심하게 꼬인 것이다. 결국 경찰서로 연행되었다. 나중에 가서야 사실이 밝혀졌지만, 마음에 상처를 크게 입고 말았다. 하지만 그 경험이 교훈이 되어 지금은 잘 살고 있다고 한다.

그러고 보면, 먹구름은 언젠가는 지나간다. 그리고 그 자리를 흰구름이 차지한다.

12. 큰바위 얼굴

사람들은 주로 한 가지 길에 치우친다. 가슴에 치우치거나 머리에 치우치는 것이다. 가슴의 길에 치우치면 남들에게 너무 과하게 베푼다. 그러다 보니 정작 본인은 어렵다. 머리의 길에 치우치면 계산적이 된다. 남이 볼 때 너무 이기적으로 보인다. 따라서 주변에 사람이 없다.

나는 그러한 생각을 하며 남한산성을 오르고 있었다. 길은 잘 닦아졌고 소나무들은 너나 할 것 없이 자태를 뽐내고 있었다. 두 팔을 힘있게 뻗은 소나무 분수가 뿜어지 듯, 여러 나뭇가지가 곧으며 넓게 뻗어 올라간 것도 있다.

그런데 그 중에서도 특히 나의 눈을 사로잡는 것은 안정된 느낌의 소나무였다. 잎은 무성했고, 초록빛은 건강해 보였다. 전체적으로 균형이 잡혀 있었다. 그러고 보면, 아름다운 사람은 머리의 길과 가슴의 길이 고루 발달된 사람이다. 지식과 지혜가 있으면서도 사랑과 배려가 있는 사람이다. 사람들로 부터 존경받는 사람이 된 것이다.

큰바위 얼굴이다.

13. 심근경색

보슬비는 언제 들어도 좋다. 오늘도 우산을 들고 저마다의 목소리를 듣고 있었다. 도란도란 쏟아내는 웅크렸던 얘기는 내 가슴에 시가 되어 닿고 있었다.

나는 한참을 들으며 버스를 기다리다가 도착하자 우산을 접으며 한 계단을 올라섰다. 그런데 순간 물기에 미끄러진 나는 갑자기 엎어졌다. 얼마나 세게 바닥에 부딪혔으면, 뒤에 서있던 사람들 모두가 크게 소리쳤다. 소스라치게 놀란 것이다. 눈을 떠보니 두 팔이 얼굴을 보호하고 있었다. 머리의 정수리는 보호대에 닿아 있었다.

그래도 매일 운동한 덕에 순발력이 있어 얼굴을 막은 것이다. 만일 잘못되었다면, 운전석 보호대에 이마가 크게 찢어지거나 코뼈가 부러졌을 것이다. 자리에 앉자마자 어디 다친데는 없나하고 살펴보는데, 전화가 왔다.

한 지인이 가족들과 남해안을 놀러갔다가 올라오며 전화를 한 것이었다. 그런데 병원이라는 것이다. 이유를 물어보니 올라오다가 부인이 피곤하다며 휴게소에서 잠깐만 눈을 붙이고 오겠다고 했는데, 1시간이 지나도 오질않아 지인이 찾아가보니 심장이 멎으려 하고 있었다고 한다. 심근경색이었던 것이다.

서둘러서 병원에 도착한 뒤에야 나에게 전화를 한 것이었다.

그러고 보니 심혈관에 스텐트를 넣은 사람도 내 주변에 꽤나 있다. 또한 심근경색으로 세상을 떠난 사람도 여러 사람이 된다. 얼마전에도 후배 한 사람이 저녁 6시에 친구들과 저녁식사를 약속을 해놓고 오후 4시에 세상을 떠난 것이다. 찻잔 옆에 엎어져 있었다고 하니 차를 먹다가 갑자기 쓰러진 것이다. 젊은 나이에 너무 안타까웠다.

나는 그래서 오늘도 아버님에게 감사를 드린다.

어린시절 침, 뜸을 가르쳐 주실 때는 아무 것도 모르고 공부를 했었는데, 지금에 와서보니 나와 식구들 건강을 지키는데 큰 역할을 하고 있으니 말이다.

14. 여우비 시낭송

주춤거리는 바람 사이로 비가 더딘 걸음으로 내린다. 하지만 경사가 진 아스팔트 위에 떨어진 빗방울은 마음이 바쁘다.

나는 물끄러미 바라 보다가 옥수동에 있는 자활센터 4층으로 올라갔다. 다온 북카페이다. 옆에는 국장이 앉았고, 앞에는 언제나 동네일에 앞장 서는 박용희 위원장이 앉았다. 그러니까 이 행사는 이웃과 함께 시를 공부하자는 취지로 "여우비"가 주관한 것이다. 이런 저런 담소를 나누다 보니, 사회자가 마이크 앞에 선다.

82세 할머니가 시낭송을 시작했다. 오늘 시낭송 때문에 마음이 설레어 잠을 설쳤다고 한다. 곧이어 초등학생을 비롯해 10여 명이 했는데, 맨 끝에 임창윤 국장이 나가서 시낭송을 했다. 목소리가 차분해서 사람들 가슴에 스며들었다. 곧이어 나에게도 한마디 해달라는 것이 아닌가? 수십 명의 이목이 쏠린 앞으로 나아갔다. 그리고 마이크 앞에 섰다.

빗물은 떨어지면 길을 만든다. 그리고 그 길은 바다로 향한다. 오늘 이 행사가 옥수동에 새로운 길을 만들었다. 그리고 그 길엔

새들이 지저귀고 많은 꽃들이 피어날 것이다.

많은 이들의 박수소리가 축제를 꽃피웠다.

-충남 보령 오서산에서-

15. 자식 걱정

무심한 바람이 물결치 듯 모퉁이로 밀려갔다. 속절 없이 달려드는 태양빛은 이곳저곳 가리지 않고 눈을 부라리며 쏘아댄다. 그러고 보면, 요즘 잠을 뒤척이는 사람이 많다. 전기료 폭탄 때문에 마냥 에어컨을 틀 수도 없기 때문이다. 아는 지인도 새벽 5시에나 잠이 들곤 한다고 나에게 얘기했다.

그런데 요즘 또 잠을 못들게 하는 것이 있다. 축구이다. 온도는 40도를 육박하지만, 그럼에도 많은 사람들은 텔레비에서 눈을 떼지 못한다. 브라질 리우 올림픽이 한창인 오늘 텔레비를 보니, 빵집 아들인 권창훈이가 멕시코를 상대로 1골을 넣었다. 덕분에 8강에 진출했다.

나는 기분이 좋았다. 저녁에 승찬후배 가게에서 종환씨 지성진씨와 함께 둘러앉았다. 언제나 일에 열심인 승찬씨가 홀 안에서 왔다갔다 하다가 옆에 앉았다. 그리고 치즈스틱을 정성스럽게 자른다. 내가 술, 담배와 고기를 먹지 않는 것을 알고는 배려를 하는 것이다. 대화는 이리저리 코너를 돌더니 자식들 얘기로 흘렀다. 전교에서 1등하던 중학생 아들이 공부에서 손을 놓았을 때의 심정을 아느냐고 종환씨가 애기했다. 그러자 성진씨는 자식에 대한 꿈이 항상 있었는데, 자신은 그 꿈을 저버리고 말았다고 했다. 하지만 아들이 자신 밑에 들어와 기술을 익히니 그것으로 마음의 위안을 삼는다고 했다. 종환씨도 고3 때 마음을 잡게 해준 아들의 담임선생이 항상 고맙다고 했다. 두 분 다 자기 분야에서는 최고를 달리지만 자식만큼은 자신들 마음대로 안된다는 것이다.

그때 나는 친구의 어머니가 생각났다. 어느 종교에 처음 가서 설교를 듣는데, 내용이 '한결같이 착하게 살라, 거짓말 하지 말아라' 였다. 집에 돌아와 생각해 보니, 그렇게 실천하면 되겠다는 생각이 들었다. 그래서 정직하게 열심히 일하니 일이 풀리더라는 것이다. 그러고 보면, 부모는 등불이다. 자식을 위해 생명까지 던지는 것이 바로 그분들이다. 오늘 이 만남에서도 애틋하게 자식들을 생각하는 부모들 마음을 보고 있었다.

16. 보이스피싱

아는 지인의 얘기다. 수십년 전의 일이다. 자신의 동생이 군대에 갔는데 어느날 한 남자가 군복을 입고 찾아왔다. 소령을 달은 그는 당신 동생이 사고를 쳐서 지금 영창에 가기위해 대기하고 있다고 했다. 돈을 주면 풀 수가 있는데 어떻게 하겠느냐고 묻는다. 동료를 폭행했다는 애기에 식구들은 모두 놀래서 어쩔줄을 몰랐다.

지금은 돈이 없으니 모래까지 마련하겠다고 했다. 그가 간 뒤 아는 친척이 군부대 수사관으로 있었기에 전화를 했다. 알아보니 거짓말이었던 것이다. 따라서 그를 잡기 위해 기다렸으나 그는 오질 않았다. 그런데 오늘 한 친구 부부를 만났다. 부인이 어제 겪은 애기를 들려준다.

아침에 친구와 앉아있는데 집으로 전화가 왔다. 이기영의 어머님이 되시느냐며 자신은 사채업자라고 한다. 당신 아들 친구가 5천 만원을 빌려갔는데 어디로 갔는지 연락이 안된다는 것이다. 하지만 당신 아들이 보증을 섰는데 갚으라고 하니 덤비길래 한대 갈겼다고 한다. 코피가 조금 났다며 전화를 바꿔준다. 아들은 엉엉 울면서 죄송하다고 했다. 목소리가 똑같기에 큰일났다 싶었다.

지금은 없다고 하니 8백만원만 보내라는 것이다. 그러면서 헨드폰은 끄지 말라고 했다. 그때 옆에 있던 친구는 좀 이상하다고 했다. 하지만 자신의 아들이 붙잡혀 있는데 구하는 것이 우선이라고 말하며 택시를 타고 은행으로 달려갔다. 앞 번호가 끝나면 내 번호인데 경찰이 들이닥쳤다. 그러면서 잠깐 불러내더니 보이스 피싱이라고 했다. 얼마 전에도 한 아주머니가 중국으로 수백만원을 잃었다며 아들의 전화번호를 묻는다. 그리고는 전화를 건 뒤에 바꾸어주니 아들은 회사에 있는 것이다.

경찰관들이 심부름꾼이라도 잡기 위해 현금과 아들을 교환하자라고 애기하게 했다. 하지만 만나기로 한 장소에 나가 보았지만 나오지 않았다. 전화도 뚝-소리가 나더니 끊어졌다. 여기서 바로 다시 전화하니 대포 전화였다. 다행히 친구가 경찰서에 신고했기에 잘 넘어갔지만 수십 년이 지난 보이스피싱의 행동은 계속되고 있다. 이 애기를 듣자니 그녀의 말에 나는 허리가 휘는 느낌을 받았다. 그 동안 열심히 살아온 선량한 사람들의 가치는 어디로 갔을까? 소중한 영혼을 전화 한 통이 짓밟는구나 하는 마음이 들었다. 얼마 전 보이스피싱에 9억을 잃은 70대 할아버지가 생각이 났다. 마음이 안타까웠다.

17. 분당에서

소슬바람이 나무를 쓰다듬는다. 달빛의 미소가 창문을 넘는다.

나는 지금 동생인 범원집에 와 있다. 6명이 마주 앉았다. 그곳엔 지성의 언니도 함께 있었다. 나이가 들었어도 미모는 여전했다. 범원의 윗동서는 미국인이다. 예의 바르고, 친절하다. 또한 운동으로 몸을 다스려 체격도 다부지다. 그런데 한국의 기억은 좋지가 않다.

오래전에 왔을 때의 기억을 가지고 있기 때문이다. 길을 걸을 때면 지나던 차에 흙탕물이 튕겨서 깔끔히 입고 간 옷을 버려 지인을 만날 때 난감했었다고 한다. 날이 푹푹 찌면, 어디 가서 편히 쉴때도 마땅치가 않았다. 겨우 나무그늘을 찾아 그 아래에 잠시 쉬는 것이 전부였다. 버스를 타면 사람들이 꽉 차서 땀냄새는 물론이고, 내릴 때 애를 먹었던 기억도 있다.

그것뿐이 아니다. 책을 볼까해서 광화문 거리에 한 번 나갔다가 최루탄에 콧물과 눈물이 뒤범벅이 된 얼굴은 겨우 골목에 가서야 추스릴 수 있었다.

하지만 이번엔 전혀 달라졌다. 너무 재미있다며 아침 일찍 나가니 말이다. 사람들의 옷차림은 경쾌하고, 만나는 사람마다 얼굴이 환하다. 며칠 전엔 혼자 수원까지 가서 미군 군악대가 연주하는 것도 보고 왔다. 조금만 나가면 냇물이 흐르고, 창문만 열어도 산이 보인다. 사람들 거니는 모습만 보아도 그렇게 즐거울 수가 없다. 자신을 졸졸 따라다니며 집요하게 구걸하던 아이들도 지금은 전혀 없다. 대신에 카페에 혼자 앉아 있으면, 미국인이라고 팝콘까지 공짜로 갖다준다. 길을 물으면 그 누구도 공손하게 버스까지 태워준다. 그러니 매일 아침 6시에 나가서 밤 12시가 넘어서야 들어온다. 처음엔 가족들도 걱정했지만, 지금은 그 좋아하시는 모습에 웃음이 터져 나온다.

그래서 물어보니, 자신이 사는 곳은 너무 조용해서 사람 구경하기가 힘들다고 했다. 정원을 깎으면, 그제서야 저 멀리 있는 이웃집 사람을 본다고 했다. 그런데 이곳은 너무 좋다는 것이다. 걸음도 한결같이 씩씩하고, 웃는 모습을 보면, 그 누구도 그렇게 해맑을 수 없다는 것이다. 한강의 기적이라고 하더니, 어떻게 이렇게까지 변할 수 있는지 놀랍다고 했다. 그러자 범원은 농담삼아 "미국은 재미 없는 천국이고, 한국은 재미 있는 지옥"이라고 했다.

그때 나는 창문 쪽으로 고개를 돌렸다. 그리움만 주고 어둠 속으로 젖어져 들어갔던 앞산이 적막 속에 진을 치 듯 달빛 아래 환하게 들어났다. 모두가 달을 보기 위해 창문 곁으로 다가갔다.

18. 화재

서재에서 책을 보다가 거실로 나왔다. 시간을 보니 밤 11시 50분이다. 거실 유리창을 통해서 밖을 보니 무엇인가 번쩍번쩍한다. 문을 열었다. 사이렌 소리가 요란하다. 아파트에서 불이 난 것이다.

얼마 전에 한 지인도 차를 타고 퇴근해서 들어오는데 자신의 집에서 불이 나고 있었다고 했다. 자신은 길가에다 차를 세운 채 밖으로 나와 그 광경을 지켜보고 있는데 억장이 무너져 내렸다고 했다. 사업을 크게 확장했다가 잘 안되어서 걱정이 태산인데 엎친데 덮친 격으로 불까지 났기 때문이다.

그러고 보면 인정사정 보지 않는 것이 있다. 홍수가 그렇고 화재가 그렇다. 암에 걸린 사람이 얘기하길 암도 그렇다고 했다. 기대했던 사업도 안될 땐 방법이 없다. 미래에 대한 꿈까지도 날아가 버린다.

아침이 되어 그 아파트를 다시 보았다. 어젯밤의 그 요란했던 상황은 어디론가 다 사라지고 14층에서 불길이 솟았던 탓에 16층까지 시커멓게 불길이 그을려져 있었다. 동네 사람들은 그 광경을 보더니 모두가 입을 못 다문다. 그래도 사람들은 빨리 피했기에 다친 사람은 없었다.

부부가 사업에 바빠서 요즘 새벽에 들어왔었다고 한다.

1922년 물리학자 아인슈타인은 일본의 한 호텔 벨보이에게 팁 대신 이렇게 쓴 메모를 건넸다. "조용하고 소박한 삶이 끊임 없이 불안에 얽매인 성공 추구보다 더 큰 기쁨을 준다." 오늘은 이 글이 내 마음에 와 닿는다.

19. 방위협의회 일박이일

숲은 불러들인다. 곤충도 새도 사람도 그러기 위해 새들은 영롱한 빛깔의 노래 소리를 들려주고, 계곡물은 하염 없이 깊은 품격의 자신의 소리를 들려준다. 나무들은 마주 하면서도 허물이 없고, 같은 마음을 이어가는 아름다운 모습을 보여준다.

그래서 우리는 일박이일로 남양주시에 있는 다락 펜션에 들렀다. 나비는 날개 짓하며 돌아다녔고, 뻐꾸기가 목청껏 노래했다. 미리 온 사람들 몇몇이 음식을 대접에 담아 정원 탁자 위에 올려놓았다.

30명 분이다. 장군갈비에서 기증한 돼지고기도 충분히 놓았다. 나와 추성훈 동대장을 비롯해 먼저 온 사람 모두는 국방색 티셔츠로 갈아입었다.

그런데 갑자기 비가 후두둑하고 떨어지는 것이 아닌가? 당황이 되었다. 막상 음식을 안으로 옮기려고 하니 엄두가 안 난다. 몇 분인가 지났을까 다행히 비는 조금 떨어지는 듯 싶더니 멈추었다.

곧 사람들은 몰려왔고, 식사하며 떠든다. 이장석 회장의 간단한 축하 인사가 끝났고, 송영호 총무의 건배 제의가 이어졌다. 그리고 박선길 고문의 간단한 설명이 있었다. 나는 박제준 동대장의 소개로 들어온 지가 벌써 10여 년이 되었다고 했다. 모두는 건아하게 취했고, 밤 11시쯤 되어서야 펜션 안으로 들어갔다.

2분인가 지났을까 갑자기 소나기가 퍼붓기 시작한다. 엄청나게 대지를 때린다. 그 함성에 모두들 깜짝 놀랬다. 그리고 소나기는 새벽까지 계속되었다. 나는 빗소리를 들으며 처마 밑에서 왔다갔다 했다.

숲속의 기운이 잠을 설치게 하는 하루였다.

(2016년 6월 11일 토요일)

20. 모닥불

화려한 수채화가 펼쳐지는 오늘, 정의롭고 겸손의 덕이 모닥불 주위에서 일어나고 있다. 6월임에도 남양주 산속의 추위는 대단하다. 나는 반팔 티셔츠로 모닥불 옆에 앉았다.

보름달은 무엇엔가 놀란 듯 눈을 크게 뜨고 있었고, 이창순 대표가 부채질할 때마다 나무들은 비명을 지르며 타오른다. 미국의 시인인 왈도 에머슨은 "의지가 강한 사람에게는 기회의 문이 항상 열려 있다"고 했다. 그 와중에도 냇물소리는 경쾌했다.

태권도 고단자인 이만희 경감은 늦게 왔으니 나에게 "기 무술"을 보이라고 했다. 나는 몇 가지 돌려차기를 선보였다. 그리고 의자에 앉았다.

곧 모두는 둘러앉아 한 사람씩 돌아가며 자신의 애기를 했다. 이 현식 동장은 옥수동에 부임해온 것을 너무도 감사하다고 애기했고, 저녁 8시경 뚝섬역 근처에서 만나 함께 온 옥찬길 위원은 바르고 정직하게 사는 것이 자신의 신념이라고 했다.

강식 위원은 옆길도 안본 채 가정만을 생각하며 살아왔다고 했다. 그런데 김성수 지점장은 이런 얘기를 했다. 언젠가 은행에 한 고객이 와서 난리를 피우더니 자신의 사무실로 들어와 어떻게 저런 사람을 창구에 앉혔느냐며 막무가내로 소리를 쳤다고 한다. 어떤 것을 물어도 고개만 끄떡인다는 것이다. 그 위기를 어떻게 벗어났는지 아느냐고 좌중을 둘러보며 물었다.

아무도 모른다고 하자 그는 이렇게 대답했다. 전에 정부에서 장애인을 의무적으로 쓰라고 한 적이 있지요. 그때 들어온 사람이라고 했다는 것이다. 그러자 그는 바로 태도가 변하더니, 미안해 하며 어쩔 줄 몰라했다고 한다. 그러자 사람들은 순발력이 대단하다며, 박수를 쳐주었다.

그 박수소리와 함께 밤은 깊어지고, 소쩍새 우는 소리는 정겹게 들린다. 누군가 모닥불에서 익은 감자를 하나씩 손에 쥐어준다. 이 분위기가 서로의 우정을 성숙시키고 있었다.

21. 도

요즘은 매봉산에서 기구운동을 하고 있다. 또 조용한 터가 있는데 그곳에서 기무술(기공춤)도 연습하고 있다. 기공춤은 춤이면서 무술이다. 내가 만들었으며, 저작권으로도 등록되어 있다. 신라 진흥왕 때의 거칠부도 문과 무를 겸하질 않았던가?

일찍이 스님이 되어 여기저기 떠돌아 다니던 그는 어느날 고구려에 들어가서 혜량법사의 법문을 듣고서 크게 감동을 받았다. 따라서 그곳에 있으면서 계속해서 법문을 들었는데, 혜량법사가 지나다가 만난 거칠부에게 물었다. 너는 어디에서 왔느냐? 거칠부는 떠돌아 다니는 가엾은 자라고 대답했다.

그러자 혜량법사는 다시 물었다. 너는 어디에서 왔느냐? 그 물음을 피할 수 없어서 "신라"라고 대답했다. 그러자 저녁에 나의 방으로 오라고 한 뒤 그의 방에 가자 너는 관상이 크게 될 사람이다. 네가 군대를 이끌고 이곳으로 쳐들어올 때 나를 보호해 달라고 약속을 받은 뒤 남들이 네가 신라에서 온 사람으로 알기 전에 바로 떠나라고 했다.

거칠부는 바로 신라로 돌아갔고, 나중에 세월이 흐른 뒤 총사령관이 되어 군대를 이끌고 이곳을 침공했다. 그때가 진흥왕 때의 일이다. 역시 약속한대로 혜량법사를 모시고 신라로 돌아와 가르침을 펴게 도움을 주었다. 그러고 보면, 역사는 싸움의 연속이다. 그리고 자연이라고 다르지 않다.

오늘 매봉산 하늘을 보니 까마귀 십여 마리가 편 싸움을 한다. 주위가 얼마나 시끄러운지 나는 의자에 앉아서 시선을 떼지 못했다. 그때 새매가 나타났다. 내려갔다가 올라가는 까마귀를 향해 급강하한다. 얼마나 빠른지 비호같다.

약간의 차이로 놓쳤지만, 까마귀는 나무 위에 앉아 정신이 나간 표정이다. 곧이어 다른 까마귀들은 싸움을 중지하고 모두들 흩어진다. 하늘이 다시 평화로워졌다.

그러고 보면, 이 세상은 강한 자의 것이다. 약자가 설 곳은 어디에도 없어 보인다. 하지만 도는 누구에게나 열려 있다. 그리고 도를 안 사람은 물처럼 산다. 부드러우면서도 아래에 머문다. 또한 아래에 머물면서 주변에 이익을 준다.

그리고 도가 깊어지면, 이 세상은 오로지 지켜보는 의식과 에너지 밖에 없다는 것을 알게 된다. 또한 도는 행복하게 사는 방법이다. 생각을 비롯해서 외부세계는 다 에너지로 이루어져 있기 때문이다. 언제나 지복 속에 있게 된다.

-충남 홍성 용봉산-

22. 찰나

길 가운데 있는 것은 위험하다. 누구의 발에 채일지 아무도 모른다. 그럼에도 작은 식물들은 그곳에 서있다. 나도 작은 식물이다. 항상 위험은 도사리고 있다.

하루는 길을 걷는데 갑자기 뒤에서 빵-하는 소리가 났다. 너무 가까이서 들려 왼쪽 옆으로 펄쩍 하고 뛰었다. 순간 트럭이 내 옆으로 스치면서 지나갔다. 간발의 차이였다. 운전수는 얼마나 놀랬는지 창밖으로 나를 바라본다.

또 한 번은 골목길을 가로질러 가는데 나오던 택시가 순간 나의 양발 사이로 들어왔다. 찰나였다. 아차 했으면 위험할뻔 했었다. 운전수는 나와서 나에게 한마디 했다. “큰일 날뻔 하셨네요.”

얼마 전엔 한 독자분이 찾아왔다. 눈 한쪽이 이상해서 물어보니 친구의 성묘를 따라 갔다가 도와준다고 기계로 풀을 베다가 나무가 튕겨져 한쪽 눈을 때린 것이다. 얼마나 세게 맞았던지 병신이 되고 말았다고 한다.

그러고 보니 여름일이 생각난다. 오솔길을 걷는데 무당벌레 한 마리가 길 가운데로 걷는다. 밟힐지 모른다는 생각에 풀숲에 가져다 놓았다. 그런데 매미가 엄청 울어댄다. 고개를 들어보니 나무 위에서 까치의 입에 물려 있다. 그렇게 애절하게 살려달라고 우는데도 까치는 놓아주질 않는다.

오늘은 저녁에 집에 들어오니 TV에서 난리다. 제천의 어느 스포츠 센터에서 불이 난 것이다. 8층이 모두 불길에 휩싸였는데, 29명이 죽었다. 2층 사우나에 갇힌 여자분들만 20명이 죽었다. 비상구를 못 찾아서 일어난 일이다. 비상구 앞에 커다란 선반을 놓았으니 불이 난 급박한 상황에서 어떻게 찾을 수 있겠는가? 외할머니, 어머니, 딸이 함께 고인이 되신 분들도 있다. 너무 가슴이 아프다. 이런 일이 다시는 안 일어났으면 하는 게 나의 바램이다.

-의정부시 사패산-

23. 거지

나는 수행을 하기위해 이곳저곳을 다녔다. 외국도 많이 나갔는데, 공동묘지에 가서 돗자리를 깔고서 명상을 하곤했다. 인도에선 공원에서 쉬다가 벤치 위에서 잠을 청한 적도 있었다. 3마리의 개들이 얼마나 짖어대는지 모른다. 한국 같으면 동네 사람들이 나와서 봤을텐데, 이곳은 아무도 관심이 없다. 나도 밤중이지만, 물든지 말든지 잠을 청했다. 한참 있으니 개들은 물러났고, 뉴델리의 아침은 다시 활기가 넘쳤다.

호주에서도 혼자서 밤에 공원에 앉아 있으니, 두 명의 거지가 내곁에 와서 술을 한 잔 따른다. 나는 몸이 아프다는 핑계로 그 자리를 피했다. 그리고 옆에 있는 나무 밑에 가서 앉아 있으니 이번엔 앵무새 두 마리가 내 주변에 와서 서성거린다. 나는 배낭에 있던 약간의 먹을 것을 던져 주었다. 곧 친해져 그들과 함께 밤을 보냈다.

오늘은 전철에 올라타 눈을 감고 있었다, 40세 정도 보이는 한 사람이 이 사람 저 사람에게 눈을 맞추며 삼천원을 달라고 한다. 몸무게가 120킬로는 나가 보이는데 전라도에서 취직하기 위해 얼마전 올라왔다며, 어제도 김밥 한 줄로 하루를 보냈다고 한다. 그런데 시끄러워 눈을 뜬 나에게도 눈을 맞춘다. 나는 돈을 조금 보태어 주었다. 오늘은 밥을 해결했다며, 5번은 고맙다고 인사를 한다.

내가 아는 지인은 지금은 선생이다. 일본에서 온 어느 교포가 거지가 되어 이 사람 집을 거의 매일 방문했다. 그때는 6·25전쟁이 한창인 때라 어머니는 자신의 동생을 생각해서 올 때마다 음식을 잘 차려 주었다. 동생이 전쟁 초기에 실종되었기 때문이다. 그러자 그 거지는 이 집 아들에게 일본어를 올 때마다 조금씩 가르쳐 주었다. 덕분에 그 아들은 지금 일본어 선생이 되어 있다.

그러고 보면, 거지에게도 규율이 있다. 거지왕 김춘삼이가 찾아오는 거지들에게 꼭 지킬 것을 얘기했다.

1) 밥을 얻으러 갈 때 대문을 두드리지 말고 깡통 소리를 내라.
2) 밥을 얻을 때는 꼭 깡통이나 그릇을 준비해 가라.
3) 하루에 같은 집에 두 번 가지마라.
4) 땅에 떨어진 음식은 절대 먹지 말아라.

24. 교통혼잡

태양은 한을 풀 듯이 아스팔트를 달구고, 나무들은 손을 높이 쳐든 채 가슴을 활짝 열었다. 마치 인내하는 것 같았다. 나와 친구들은 승용차 안에서 진한 커피향을 입술에 갖다 대었다. 서로는 마음에 담긴 봇짐을 풀었다.

나는 얘기했다. 젊은 시절 혼자서 내장산에 놀러 갔었다. 단풍을 잘 구경하고 나오기 위해 버스를 탔다. 일백 미터를 가는데 한 시간이 걸리더니 나오는데 약 몇 십 분이면 걸릴 길을 7시간이 걸렸다. 그때의 내 심정을 아는가? 모두는 눈을 반짝였다. 그래도 내 마음은 하늘을 날았다고 했다. 여행이라는 것 때문이다.

그런데 주말인 오늘도 이렇게 막힌다. 예전의 선비들이 과거 시험을 보기 위해 한양을 올라가는데, 3가지 길이 있다. 추풍령과 죽령 그리고 조령이다. 추풍령은 추풍 낙엽처럼 떨어질까봐 그 길로는 안갔고, 죽령은 대나무가 미끄러우니까 미끄러져 떨어질까봐 그리로도 안갔다. 그래서 문경새재를 넘어 정상에 위치한 조령의 길을 주로 택했다고 어느 강의에서 들은 기억이 있다. 새도 날아서 넘기 힘들 만큼 험하다 하여 새재·문경새재라고 한다.

우리가 탄 승용차도 문경새재를 넘 듯이 터벅터벅 걷고 있다. 이대로 간다면 저녁이 되어서야 홍천에 도착할 것 같다. 답답한 마음을 긍정적으로 돌렸다. 그러자 이 안은 고즈넉한 찻집이 되었다.

친구들과의 대화는 어린 시절 동네의 구석구석을 뒤졌고, 자식들에 대한 얘기가 나오자 모두는 기대에 찼다. 그러다가 노후에 대한 얘기로 흘러갔다. 그러자 각자의 얼굴엔 표정이 다양했다. 어떻게 하면 훨씬 이로운 노후대책이 될까 서로의 의견이 교환됐다.

그러고 보니, 이러한 얘기를 주고받을 수 있다는 것이 어디인가? 교통 혼잡이 있었기에 가능하지 않았던가? 8월 초의 하늘이 유난히 맑았다.

-조령산에서-

25. 도봉산 계곡

따르릉 따르릉 전화가 왔다. 도봉산에서 만나자는 전화이다. 도봉산 입구 편의점에 들러 커피와 물 그리고 먹을 것을 샀다. 오전 11시 친구들과 만나 함께 오르는 길, 정겨운 새소리는 나의 가슴을 깨우고, 등산객들의 발자국 소리는 마치 고향에 온 것처럼 포근하다.

조금더 오르니 계곡이 우리들을 설레게 한다. 물 흐르는 소리는 그렇게 반가울 수가 없다. 오늘 온도가 37도라고 하니 조금만 움직여도 땀이 줄줄 흐른다. 자리를 잡으려고 하니 사람들이 너무 많다. 그래도 한쪽 귀퉁이에 앉을 자리가 있다.

우리도 신발을 벗고 서둘러 계곡물에 발을 담갔다. 시원했다. 몇 년 전 지방에 있는 어느 계곡물에 발을 담갔을 때는 1분을 있을 수가 없었다. 그런데 이곳은 차갑지만 있을만 했다. 주어진 여유로움은 계곡물에 벗을 삼는다고 했던가?

가슴을 파고드는 시원함
기쁨을 동여맨 아름다움

의미를 가진 계곡물 소리

아쉬움 없이 격조 있는 투명한 물을 보다가 주변을 둘러보았다.

말벌 한 마리가 윙-하며 날아온다. 어디로 가는가 했더니, 바위위에서 햇볕을 쬐며 앉아있는 잠자리를 가만히 다가가 갑자기 뒤에서 덮친다. 그리고는 바로 침을 놓는다. 꿈틀거리자 다시 한 번 침을 놓고는 데리고서 날아간다. 그러고 보면, 자연의 세계도 한순간 방심했다간 어떻게 될지 모른다. 인간의 세계와 별반 다르지가 않다.

그래도 이곳은 태평하다. 물 흐르는 소리가 다정하다. 모두들 평화로워 보였다.

-롯데월드를 바라보며-

26. 잠자리

길을 걷다가 작은 물 웅덩이가 있어서 그 옆 벤치에 앉았다. 하늘을 올려다 보니 오늘은 구름이 멋있다. 이렇게 가까이 보이는 것은 무척 오랜만이다. 새벽에 비가 온 탓도 있을 것이다. 먹구름은 빠른 움직임으로 하늘을 아름답게 만든다. 그러니까 하늘은 파란 도화지이다.

아래를 내려다 보았다. 웅덩이 물에 제일 먼저 찾아온 것 역시 먹구름이다. 조금 있으니 참새들이 찾아왔고, 이번엔 벌이 찾아왔다. 엄지만한 벌인데 정신 없이 물을 먹는다.

잠자리들은 조금 떨어진 곳에서 왔다갔다 하더니 지금은 물 웅덩이 주변을 배회한다. 큰밀 잠자리이다. 늦은 오후의 속삭임에 발이 안 떨어지는 모양이다. 타원형을 그리 듯 빙글빙글 돌면서도 몇 번이고 돌아본다. 물 웅덩이 주변에 여운을 만든다. 어디서 왔는지 이번엔 고추 잠자리도 이들 사이에서 왔다갔다 한다.

그때 물에 가까이 날던 잠자리를 한 잠자리가 교미를 하려고 뒤에서 툭 쳤다. 그러자 순간 빠져 허우적 거린다. 그러고 보니 이미 빠진 잠자리가 3마리나 더 있다. 그 중 한 마리는 아예 드러누워 있다. 죽은 것 같다. 그래도 혹시 몰라서 4마리를 꺼냈다. 3마리는 내 손가락을 꼭 잡는다. 얼마나 힘있게 잡는지 살고자 하는 절실한 마음이 전해져 왔다.

나는 벤치에 앉아서 10여 분을 기다렸다. 그리고 일어나 풀 위에 올려놓은 그들을 관찰했다. 죽은 줄 알았던 것이 머리를 두 번이나 갸우뚱 거린다. 살아난 것이다. 나는 "야호-"하고 소리쳤다.

내가 마침 이곳을 지났던 것이 얼마나 다행이었던가? 다시 고개를 들어 먹구름을 바라보았다

-동호대교-

27. 초가을의 오후

옥수역 근처에 있는 한강에 도착했다. 옥수동은 내가 평생을 살았기에 이 근처를 가끔이면 산책을 한다. 맨 먼저 눈에 들어온 것은 참새들이 무리지어 노는 광경이다. 수십여 마리가 함께 날아오르는 모습은 장관이다. 그러면서도 질서가 있다.

그런데 남의 구역에 들어갔다. 덩치가 조금더 큰 새 한 마리가 지나가는 참새 한 마리를 날아가 자신의 배로 세게 부딪힌다. 참새 모두가 깜작 놀랬다. 얼른 그곳을 피한다. 그래도 자전거는 그 옆을 태평스럽게 지나가고, 운동하는 이들은 그냥 운동만 할뿐이다.

나 역시 잠깐 당혹스러웠지만 다시 그 근처를 산책한다. 이번엔 강을 바라 보았다. 고기 한 마리가 튀어 오른다. 팔뚝만한 고기가 점프하는 것은 아름답다. 나와 눈이 마주쳤음에도 일정거리를 유지한 채 또 튀어 오른다. 다른 한 마리도 질세라 튀어 오른다.

나는 그 근처 벤치에 앉았다. 가을에 비친 다소곳한 한강이다. 흠뻑 취한 햇살은 물 위에서 뒹굴고, 매료된 황혼은 하늘을 적신다. 전철은 배부른 포만감에 힘있게 간다. 초가을의 오후 풍경이다.

28. 들국화

공원을 지나다가 멈추었다. 아래를 조용히 응시했다. 시야가 넓게 들어왔다. 그런데 공원 아래에서 한 남자가 나를 힐끗 두 번 보더니 이내 자리를 피한다. 그런데 마침 나도 그쪽으로 발을 옮겼다. 그러자 그는 얼마나 빨리 도망가는지 내가 오히려 깜짝 놀랬다. 아마 범죄자였던 모양이다. 나의 시선이 그의 두려움을 건드렸던 것이다. 그러니까 나를 사복 형사로 보았던 모양이다.

오다가 꽃가게에 들렀다. 들국화를 사가지고 어머님 곁 탁자 위에 놓았다. 그러자 가을이 방 안으로 들어왔다. 보라빛은 어린시절 추억을 일으켜 세웠고, 밀려오는 설레임은 집안 전체를 두근거리게 했다. 꽃향기 풀내음은 화사한 들녘을 초대했다.

이틀이 지나자 아무렇지도 않았던 잎사귀가 여러 군데 파먹혔다. 아래는 검은 씨 같은 것이 떨어져 있다. 이게 뭘까 손으로 만져보니 딱딱하다. 일단은 거둬서 신문지에 싸놓았다. 다음날 보니 또 많이 떨어져 있다. 크기도 다양했다. 잎사귀는 더 많이 파먹혔다. 고민이 되었다. 병이 든 것을 사왔나. 아니면 약을 뿌려야 하나. 일단 물을 주면서 잎사귀를 요리저리 살폈다. 그런데 잎사귀

뒤에 연두색의 애벌레가 있는 것이 아닌가?

한 마리가 아니었다. 세어보니 8마리나 되었다. 그러니까 잎사귀마다 한 마리씩 차지하고 있는 것이다. 어느 것은 꽤나 컸고, 어느 것은 작았다. 색깔이 얼마나 똑같은지 보면서도 처음엔 구분이 가질 않았다. 손가락을 대니 움직였기에 알 수가 있었다. 그러고 보니 검은씨 같은 것은 애벌레의 똥이었다. 며칠 뒤 열두 개의 꽃이 방긋방긋 웃는다.

그러고 보면, 수행자도 경지를 얻었는지 볼 때는 제자의 마음을 건드려 본다. 분노가 일어나는지, 아니면 욕심이 얼마나 많은지를 살핀다. 무심이 될 때 내면의 꽃은 화사하게 피어나기 때문이다.

-거실에서-

29. 유기견

어제는 조영희 씨와 이런저런 대화를 나누다가 유기견에 대한 얘기가 나왔다. 유기견 한 마리를 키우고 있는데 강아지를 여러 마리 낳았다는 것이다. 어미 개가 얼마나 강아지를 아끼는지 많은 배움을 가지게 된다고 했다. 나도 어릴 적에 개를 키워본 적이 있었기에 관심이 갔다.

그러고 보니, 요즘은 유기견을 곧잘 본다. 며칠 전에도 유기견 3마리가 공원에 나타나자 아기와 함께 나온 주부들이 경계심을 강하게 가지더니 곧 집으로 돌아갔다.

어제는 한 공원에서 어느 할머니가 숲속으로 들어가 고깃국을 갖다 주는 것을 목격하기도 했다. 지난 봄에 냉이를 캐려고 들어갔다가 강아지를 돌보고 있는 어미개를 보았는데 모래똥을 싸놓은 것을 보고는 음식을 갖다 주기 시작했다는 것이다. 먹을 것이 없어서 모래를 먹은 것이다. 강아지는 구청에서 다 데리고 간 탓에 혼자 남았다고 한다.

나도 언젠가 새벽에 운동하러 나갔다가 어느 차가 작은 개 두 마리를 버렸는데, 다른 차가 지나가자 주인 차인 줄 알고 뛰어 들었다가 두 마리 모두 즉사한 것을 본 기억이 있다.

오늘은 시내에 나갔다가 공원을 지나는데 코스모스가 한들거린다. 해맑은 모습의 코스모스는 아이들이 호기심을 가지고 바라보 듯 나를 보고 있었다. 흰색 분홍색 자주색의 얼굴이다. 그들이 몸을 흔들자 나의 마음이 흔들렸다.

그때 누군가가 내 곁에 오더니 "소주값 좀 얻으러 왔습니다."라고 한다. 고개를 돌려서 보니 40대 초반으로 보이는데 마른 사람이다. 그리고는 곧 이곳저곳에 있는 사람들에게 다가간다. 얼마 안가서 손에는 여러 장의 돈이 쥐어졌다.

몇몇의 친구들과 건아하게 취했는지 빈 소주병을 휙-하고 던졌다. 하마터면 지나가는 아주머니에게 맞을 뻔 했다. 예의가 없는 사람도 유기견이라는 생각이 들었다.

30. 대상포진

요즘은 미국의 트럼프와 북한의 김정은이 얼마나 으르릉 대는지 사람들이 불안해 한다. 전쟁이 일어난다 해도 우리 가족은 피할 곳이 없다. 아픈 어머님이 계신데 어디로 가겠는가? 아침 신문엔 김정은이 태평양에서 수소폭탄을 시험하겠다고 한다. 며칠 전엔 뉴질랜드가 지진이 나더니 이번엔 멕시코가 지진이 일어나 난리다.

세상이 참으로 어수선하다고 헌월과 이야기하는데 친구로 부터 전화가 왔다. 차 한 잔 하자는 것이다. 그래서 곧 옷을 갈아 입은 뒤 그의 집을 방문했다. 대문을 여니 여름과는 또 다른 분위기가 연출되었다. 넓은 잔디에 빨간 낙엽이 수북이 떨어진 것이다.

마치 부끄러워 빰이 빨갛게 익은 것 같다. 들어가다 벤치에 걸터앉았다. 고요한 별빛의 사랑을 밤새 안았던 낙엽이 아니던가? 지금은 잔디에 누워 하늘이 읊어주는 무언의 시를 마음에 담고 있는 듯 보였다. 나에게도 조용히 침묵의 아름다움이 찾아왔다.

그때 친구가 툇마루로 나오더니 들어오라고 소리친다. 그리고는 마루 밑을 손으로 가르키기에 그곳을 봤다. 참새 한 마리가 죽어 있었다. 양지바른 이곳은 새들이 죽을 때 찾아오는 곳이라고 했다. 찻잔을 들다말고 그의 눈을 보니 눈알이 빨갛다. 왜 그러느냐고 물으니 대상포진이라는 것이다. 그러니까 눈 안에 난 것이다. 며칠 전에도 한쪽 눈이 보이질 않아 차를 갖고 뒤로 후진하다가 사고가 났다는 것이다. 한참 대화를 한 뒤 집으로 돌아오다가 동네 할아버지를 만났다.

그분은 장갑도 옷도 모자도 명품이다. 그러니까 멋쟁이 할아버지이다. 80세의 연세임에도 몸이 좋다. 매일같이 운동으로 몸을 다스리기 때문이다. 그런데 그분이 이런 얘기를 했다. 배꼽 주변에 좁쌀 같은 것이 몇 개가 났는데, 연고를 발라도 듣지를 않아서 병원에 갔다는 것이다. 대상포진이란 진단을 받고 약을 먹으니 얼마 안 가서 좁쌀만한 것은 없어졌다.

그런데 그때부터 문제가 생겼다. 얼굴에만 손을 대면 이마의 한 군데로 번개가 치 듯한다. 얼굴 어디를 손을 대도 그곳으로 짜릿하고 가는데 데굴데굴 구를 정도라고 한다. 그러더니 얼마 전부터는 입술만 조금 움직여도 그곳이 벼락 치 듯이 아프다는 것이다. 잠을 자다가도 깜짝깜짝 놀랜다고 한다.

그래서 어제는 대상포진만 전문으로 하는 병원에 갔다. 의사는 묻기를 벼락치 듯이 아프지 않느냐고 묻는다. 그렇다고 대답했다.

그리고 주변을 보니 한 여성 환자는 힘이 하나도 없다. 85세 되신 어느 남자 분은 계속해서 이마를 때린다. 이마를 보니 빨갛다. 또 한 환자는 얼마나 아픈지 자살하고 싶다는 것이다. 그 얘기를 듣고난 뒤 나는 이런 생각을 했다. 다행히 치매이신 나의 어머님은 오랫동안 약을 드셨음에도 그런 증상이 없다. 이것만 해도 얼마나 고마운가? 신에게 감사를 드렸다.

-대부도 해솔길에서-

31. 송시열 시

미국의 폭격기가 북방 한계선을 넘어 북한 쪽 공해를 비행했다. “죽음의 백조”로 불린다. 휴전 이후 최북단 비행이다. 우리나라에 또 한 번 전쟁이 일어날 가능성이 어느 때 보다도 높다. 6·25를 겪은 사람들은 전쟁은 일어나서는 안 된다고 한다. 너무 참혹하다는 것이다. 지금의 젊은이들은 전쟁이 얼마나 무서운 것인지를 모른다. 별로 감각이 없어 보인다.

우리 동네에는 몇 발자국 걷고서는 하늘을 보는 사람이 있었다. 그러니까 일백 미터를 걷는데 30번은 하늘을 본다. 물어보니 6·25 때 동네에서 별 생각 없이 서성거리다가 갑자기 내려온 인민군에 의해 끌려가 인민군이 되었다가 폭격기에 얼마나 혼이 났는지 자동으로 그렇게 된다는 것이다

오늘은 헌월과 외식을 하기로 했다. 어젯밤에 어머님이 치매가 심했다. 몇 시간 동안 소리를 많이 질렀음에도 헌월이 어머님을 잘 다독여 드렸다. 함께 냉모밀을 먹은 뒤 그 근처 커피숍에 앉았다. 빨갛게 물들여진 가을의 느낌이 주변의 물 위에 아른거렸다. 아이들은 징검다리 돌 위에 꿈을 올려놓고 눈부신 전등 빛의 속

삭임에 커피향은 주변을 찰랑인다.

헌월은 물었다. "친구인 송근호의 선조분이 송시열 선생님이라고 하는데, 혹시 아는 시가 있느냐"고 했다. 나는 대답했다. 인조 11년 27살이 되던 해에 생원시에 1등으로 합격한 우암 송시열 선생님의 시다.

푸른 물은 성낸 듯 말이 없구나
청산은 찡그린 듯 말이 없구나
조용히 자연의 뜻을 살피니
내 세파에 인연함을 싫어 하노라

그러고 보면, 인조 때 정묘호란과 병자호란이 일어났다. 병자호란은 청나라의 침략으로 한 달 여에 걸친 짧은 기간 동안 발생했지만 청은 철군하면서 소현세자와 세자빈, 봉림대군 등을 볼모로 데려갔다. 조선인 여자 50만 명도 함께 끌려갔다. 당시 심양 시장에서 팔린 조선인만 해도 66만여 명이나 됐다. 그 피해 규모나 충격은 임진왜란에 버금가는 것이었다.

그러고 보면, 전쟁만큼 무서운 것도 없다. 나도 전쟁을 피해서 태어났지만, 6·25를 겪으신 선배들의 이야기를 들으면, 그렇게 끔직할 수가 없다. 그러기에 나는 어린 시절 매봉산에서 그 흔적을 많이 보았다. 나의 인생에 감사함을 느낀다. 우리 부부는 함께 시간 가는 줄 모르고 대화를 했다.

32. 즐거운 대화

아버님과 나는 매일같이 대화를 많이 했다. 그 대화는 나를 공부시켰다. 그때 아버님은 나에게 이런 말씀을 하셨다. "일인자가 되려하질 마라, 2인자가 되라." 그 말씀은 내 인생의 지표가 되었다.

오늘은 2017년 9월 30일 토요일이다. 양주시 차우림에 들렀다. 들어가는 길가엔 코스모스가 환희에 차 듯 물결을 이루었다. 안으로 들어서자 음악은 작은 이야기가 되어 흘러나왔고, 류인숙 여사는 별빛이 되어 사람들의 가슴에 잔잔한 여운을 주고 있었다.

나는 이곳을 방문한지도 벌써 10여 년이 되었다. 대종상 영화제 심사위원장인 한옥희 감독과 차 박물관의 이원종 대표 그리고 나는 셋이서 신사역 근처에서 만났었다. 그것이 인연이 되어 나는 가끔이면 이곳에 와서 기 시범과 기공춤 공연을 한다. 나는 이곳을 양주시의 에덴동산이라 부른다.

주인장을 비롯해서 아름다운 사람들이 이곳에 모이기 때문이다. 오늘은 추석 무렵이라 공연은 없었고, 대신 이원종 대표와 임상범 교장 선생님, 그리고 나 셋이서 칼국수집을 들렀다. 그후 녹양역 앞에 있는 카페에 들렀다.

서로의 대화는 연암 박지원으로 흘렀고, 내용 중에는 이런 얘기가 흘러나왔다. 박지원은 그의 주변에 친구들이 많았다. 그리고 몇 날 몇 일을 밤새 토론을 한다. 하지만 어느 날 홍대용과 정철조가 이야기할 땐 그 내용을 도저히 알 수가 없어서 그냥 옆에서 잠을 잤다. 아침에 일어나니 서로는 아직도 과학과 천문학에 대해 토론하고 있었다고 한다. 지구의 자전설에 대해서도 이야기하고 있었던 것이다.

화양동과 모진동 그리고 군자동의 유래도 우리의 대화 중에 나왔다. 그때 삼성 과장으로 있다가 지금은 세계에서 대표적인 미국의 아마존 회사에 있는 처남인 덕호에게서 전화가 왔다. 홍콩에 들렀다가 잠깐 한국에 온 것이다. 자신이 개발한 물건을 점검하기 위해 홍콩에 들렀던 것이다. 또한 큰 처남인 승수는 다른 회사에서 전무로 열심히 일하고 있다고 얘기했다.

그 큰 회사에서도 인정을 받고 있는 덕호에게 나는 그것도 큰 애국이라고 했다. 전화 통화가 끝나자 우리의 대화는 또 다시 밤 10시까지 이어졌다. 대화는 또 다른 공부이다. 또한 즐거움을 준다.

33. 추석 선물

길을 걷는데 건너편 의자에 두 할머니가 앉아있다. 한 할머니의 목소리가 유난히 크다. 딸이 셋인데 툭하면 돈을 빌려달라고 한다. 큰 딸이 빌려가고 나면, 다음엔 둘째딸이 빌려 달라고 한다. 그 다음엔 막내딸이 빌려 달라고 한다. 한 번도 갚은 적이 없다.

그러다 보니 수중에 돈이 얼마 남지 않았다. 이제는 아무리 사정해도 빌려주지 않는다고 한다. 자신도 살아야 하기 때문이다. 그러니까 혼자서 빌라에 산다. 83세라고 하는데 무척 건강해 보인다.

그러자 옆에 있던 할머니가 나는 아들이 셋인데 이집 저집 돌아 다닌다고 한다. 이번엔 큰 아들네 왔는데 얼마 전엔 막내 아들네에서 6개월간 있었다고 한다. 며느리 눈치를 보아야 하는 자신의 신세가 말이 아니라고 한다.

나는 잠시 생각에 잠겼다. 대가족 제도일 땐 모두가 어르신으로서 존경을 받았는데, 소가족 제도가 된 뒤론 불쌍한 노인분들이 너무도 많다. 언제부터 소가족 제도가 되었나 생각해 보니 아파트 문화가 시작되면서 부터가 아닌가 싶다.

그렇게 혼자 생각하면서 걷는데 어느 집 앞에 꽃들을 잘 가꾸어 놓았다. 꽃들은 마냥 자유로운 영혼들처럼 보였고, 태양을 마음껏 안고 있었기에 표정은 환했다. 실하게 영근 시심을 마음껏 보여주고 있는 듯 보여 나는 꽃들 앞으로 한 걸음 더 내딛었다.

그때 한 할머니가 물을 주기 위해 나오다가 나를 보더니 반가워한다. 전에도 한 번 이 집 앞에서 뵌 적이 있었기 때문이다.

혼자 사시는 이 할머니 앞에는 채송화, 코스모스, 국화 그리고 그 옆에는 상추가 탐스럽게 커져 있었다. 그러고 보니 한쪽 곁에는 빨간 고추도 널어놓았다. “너무 정겹네요” “마치 시골에 온 것 같네요”라고 말을 건네자 “맘에 든 꽃이 있으면 조금 나누어 드릴게요”라고 하신다. 나는 채송화를 조금 분양 받았다. 그리고 나의 책 “작은 이야기”를 선물로 드렸다.

전에는 채송화를 집 안에 두었더니 피질 않았던 경험이 있어서, 이번엔 밖의 베란다에 두었다. 혹시 태풍이 오면 날아갈까봐 화분을 서로들 묶어 놓았다. 요즘은 매일 쇼파에 앉아서 노란색, 하얀색, 빨간색의 채송화를 본다.

어머니도 너무 좋아하신다.

추석날인 오늘은 동생 식구들이 왔다. 채송화를 보더니 너무 이쁘다고 한다. 채송화와 함께 식구들 모두가 웃음이 그치질 않았다.

34. 치안

오늘은 명동에 나갔다가 한 젊은이가 머리는 박박 깎았고, 귀에는 커다란 링을 달고 있는 모습을 보았다. 옆에 있던 또 다른이는 머리 전체를 태극 모양으로 깎았는데 보기가 싫지는 않았다.

나는 신기해서 그 근처에 앉았다. 조금 있으니 그의 친구가 오는데 마치 머리가 허리에 닿을 듯 길었다.

그러고 보니 예전에 일본에 여행 갔을 때가 생각이 난다. 신오오꾸보에 여장을 풀고서 신주꾸에 자주 갔었는데 그곳의 표정은 영등포와 많이 닮아 있었다. 또한 한국인이 많이 사는 곳이기도 하다. 그러다가 어느날 하라쥬꾸에 가보니 머리를 희한하게 한 젊은 남녀들이 눈에 띄였다.

머리를 꽃처럼 단장한 이가 있는 반면에, 말의 목덜미 털처럼 깎은이도 있었다. 그럼에도 사회 공공의 안녕과 질서를 유지하는 치안이 잘되어 있었다.

나는 한참 앉았다가 옥수동 동사무소로 향했다. 오늘 모임이 있기 때문이다. 시간이 맞게 도착했다. 벌써 사람들은 많이 모였고,

사회를 맡은 전지영과 김진락의 목소리가 또렷했다. 차분한 사회자의 진행에 따라 유웅재 동대장이 무장공비 침투 등 북한의 국지도발 가능성에 대비한 국군의 방어준비태세를 설명했다.

진돗개 하나최대 비상경계태세. 군, 경찰, 예비군이 최우선으로 지정된 지역에 출동한다. 진돗개 둘북한 무장간첩의 침공이 예상되는 상태이다. 진돗개 셋평시 상태이다.

동대장의 설명이 끝나자 조두연 파출소장이 일어났다.

“옥수동은 평소엔 사건이 없는데 명절 때는 사건이 생긴다. 이곳이 고향인 사람이 많기 때문에 사람들이 갑자기 많아지기 때문이다. 이번에도 한 사람이 자살한다는 정보가 들어왔다. 다행히 1층이라서 앞문은 잠겼어도 뒤로 돌아가니 창문을 열 수 있었다.

가보니 목을 맨 채 숨이 거의 끊어져 있었다. 경찰관들이 서둘러 끌어내린 뒤 인공호흡을 했다. 살아나자 모두들 안도의 숨을 내쉬었다. 그러고 보면, 우리나라의 치안은 세계1위이다. 대한민국에 산다는 것이 자랑스럽다.

35. 도라지꽃

옥상에 운동하러 올라갔다가 하늘을 보았다.

새매와 까마귀가 싸우고 있다. 서로가 한 치도 물러서질 않는다.

쫓아서 올라갔다가 내려오고, 내려갔다가 올라간다. 그러다가 힘이 들면 아파트 옥상에서 잠시 쉰다.

아마 전에 매봉산 근처에서 까마귀끼리 편싸움했다가 새매한테 혼이 났던 그 까마귀가 아닌가 싶다. 생각해 보니 두고두고 화가 치밀었던 모양이다. 결국은 무승부로 끝났고, 둘 다 지쳤는지 각자 자기 갈 길로 날아간다.

오후에 나는 내려가다가 어느 집 담벼락 밑에 있는 도라지꽃을 보았다. 보라색 꽃이다. 그러고 보면, 예전에 우리 집에도 도라지꽃이 있었다. 마당 앞쪽엔 맨드라미를 비롯해 많은 꽃들이 있었고, 마당 가운데엔 배추와 무우가 가득히 심어져 있었다. 집 뒷쪽엔 호박꽃이 가득했다. 나는 이들의 친구였다.

지금 생각해 보면, 꽃들은 나를 기다렸고, 나는 매일 아침 꽃들을 찾아갔다. 마당이 넓었으므로 꽃들은 언제나 축제 속에 있었다. 향기는 공간을 느슨하게 잡아두었고, 찾아온 바람은 이곳에서 몸을 쉬다가 나비들을 안내해 주었다.

그런데 하루는 무우 뒷쪽에 처음 보는 보라색 꽃이 피어 있었다. 너무 예뻐서 매일같이 그 꽃을 보는 것이 낙이 되었다. 틈만 나면 그 근처를 왔다갔다 했다. 오늘도 이 글을 쓰니 어린 시절 그 광경이 내 주변을 맴돈다. 보라색의 따뜻한 눈빛이 세월을 넘어 나를 바라보고 있었다.

36. 옛 추억

추억은 못다 한 이야기이다. 그래서 언제나 그립다. 오늘은 낮춘 그림자를 다시 세우려 한다. 지금은 부자 동네가 되었지만, 예전엔 치열한 삶의 달동네였던 곳을 말이다. 하지만 그때의 모습이 나는 지금도 생각할 때면 가슴이 두근거린다. 그래서 가끔이면 매봉산에 남아있는 흔적들 앞에서 발걸음을 멈춘다.

그러고 보면, 벌써 10여 년 전의 일이다. 나는 옥수동 재개발 지역을 돌아다녔다. 사진을 찍기 위해서다. 사람들이 없는 집이라서 안으로 들어가 이곳저곳을 들여다 보았다. 고운 흙들이 다시 수줍은 몸으로 눈 앞에 나타났고, 뛰어 놀았던 나의 손때 묻은 감추어져 있던 바위도 보였다.

금호역 근처로 내려가니 지붕은 낮았고, 처마는 수치심이 가득해 보였다. 내 눈높이에 있었으니까 말이다. 재래식 변소엔 유리문도 없이 구멍만 뚫린 집도 있었고, 골목골목은 한 사람이나 겨우 걸어갈 수 있을까 싶었다. 그런데 좁은 길을 따라서 올라 가보니 그 중에서도 더 낡은 집이 보였다. 벽돌로 올린 담은 시멘트도 바르지 않았다.

베니어 판으로 만든 대문을 열고 들어서니, 안에 우물이 있었다. 나는 그 옆에 앉았다. 예전에 우리 집도 우물이 있었기 때문이다.

그 추억을 나는 오늘 부천역 안에 있는 카페에 앉아서, 심사위원인 백천 화가와 죽마고우인 장우와 함께 커피를 들며 나눈다. 장우는 초등학교 2년 때부터 친구이다. 화랑을 오랫동안 해왔었던 그와는 함께 자치기도 했었고, 옥수동 구석구석을 돌아다녔다. 하지만 부천으로 이사간 지가 꽤나 오래 되었다.

지금도 매봉산엔 그때 삶의 현장들이 남아있다고 하니 꽤나 놀랜다. 숲속에 감추어져 있는 축대들이 지금도 그 자리를 지키고 있다고 했다.

-재개발 전의 옥수동-

37. 엉뚱한 사건

단풍나무 앞에 섰다. 바람이 부니 단풍잎들은 웅장한 불꽃의 파도를 만든다. 밀려드는 파도 속엔 소리 또한 대단했다. 그 소리를 들으니 이런 생각이 난다.

논산 훈련소에 갔을 때의 일이다. 겨울이라 바람이 윙윙 댔다. 기관병이 내무반에 들어오더니, 하는 얘기가 경상도 사람이 들어오면, 너무 시끄럽다는 것이다.

얼마나 소란스러운지 정신을 차릴 수가 없다고 했다. 서울 사람이 들어오면, 너무 또 뺀질이라는 것이다. 젊잖게 생겼음에도 일 안하고 요리조리 빠져 나가는 데는 선수라고 했다. 어떤 때는 화가 치민다고 했다. 사람이 많으니 별의별 사람을 다 보게 된다고 했다.

오늘 행사장에도 사람이 많다. 행사가 있은 후 여러 사람이 찻집에 들렀다. 이런저런 대화가 오가는 중에 신기찬 회장이 이런 얘기를 했다. 예전에 나이트에 들른 기억이 있다. 한 지인이 지나가다가 옆 테이블의 손님과 부딪혔다. 조금 있으니 옆 테이블에서 물이 자기네로 날아온다. 갑자기 싸움이 붙었다.

이쪽은 18명이고 저쪽은 4명이다. 20여 명이 뛰어다니니 소란도 이런 소란이 없다. 그때 누군가가 불을 껐고, 조금 후 경찰이 들이닥쳤다. 길이 외길이라서 도망갈 곳도 없다. 조금 있으니 화장실에 숨었다가 줄줄이 잡혀온다.

경찰서에 가니 한 사람이 자신을 지목한다. 저 사람한테 얻어맞았다는 것이다. 자신은 가만히 앉아 있었는데 말이다. 상대의 얼굴을 보니 말이 아니다. 좀 과한 표현을 쓰자면 아주 작살이 난 것이다. 따라서 꼼꼼히 닦아주었다. 조금 있다가 담당 형사가 다시 오더니 얼굴을 다시 살핀다. 신기찬 씨도 지목이 되었기에 그 앞에 앉았다.

그러더니 이상하다고 형사가 고개를 갸웃거린다. 맞은 자국이 아니라는 것이다. 그리고는 다시 물으니 화상을 당한 자국이라는 것이다. 그러니까 있지도 않은 거짓말을 한 것이다.

내일 아침이면 회사도 가야 하고, 할 일이 많은데 다행이었다. 하지만 진짜 누군가에게 맞았다면, 자신이 뒤집어 쓸뻔하질 않았던가? 지금 생각해도 아찔하다고 했다.

그래서 나는 얼마 전의 일을 얘기해 주었다. 전철에서 싸움이 일어났다. 한 사람이 일어나서 말렸다. 그런데 맞은 사람이 얘기하기를 말린 사람한테 맞았다는 것이다. 그래서 지금 자신의 형이 경찰서에 잡혀있다고 어느 젊은이가 전철에 올라와서 누구 본 사람이 없느냐고 큰 소리로 묻는 것이다. 그리고 내려가자 옆에 있던 어느 사람이 이런 얘기를 했다. 합의금 뜯어 내려고 두 사람이 일부러 싸운다는 것이다. 그리고 말린 사람을 고소한다는 것이다. 다른 한 사람은 슬쩍 내려 갔기에 찾을 수도 없다는 것이다.

이 세상이 엉뚱하긴 엉뚱하다. 조심해야 할 일들이 많다.

-옥수동에서-

38. 어머님 생신날

소파에 앉아 창밖을 보았다. 잎사귀들이 서둘러 떠난다. 많은 아쉬움을 가슴에 남긴 채 말이다. 앙상한 가지는 마치 마지못해 바람이 흔드는 것 같다. 그러고 보면, 몇몇 남은 잎사귀는 고단한 나무들 차지다. 하지만 이들도 언제 떠나버릴지 모른다. 파도가 치 듯 세상을 삼킬 듯한 소리를 낼 때도 있었건만 지금은 아니다.

나는 밖으로 나갔다.

낙엽들을 밟으며 걷다가 소나무 숲속을 들어갔다. 피톤치드가 많아서인지 개운했다. 오후 3시경이 되자 범원 부부와 성해 가족이 모였다. 수민이와 고 2년생인 준엽이도 공부를 하다 말고 왔다.

생일 축하 노래가 나오고, 어머님이 케익에 있는 촛불을 껐다. 다과를 끝낸 후 왕십리에 있는 식당에서 식사를 했다. 그리고 커피숍에 들렀다.

커피향을 곁들인 대화는 언제 해도 즐겁다. 나는 얘기했다.

가난에 허덕이던 밀레에게 어느 날 루소가 찾아왔다. 그는 누군가의 부탁을 받았다며 밀레의 그림 한 점을 300프랑에 사 갔다. 시간이 흘러 경제적인 여유를 갖게 된 밀레는 친구 루소를 찾아갔다. 그런데 남의 부탁으로 사 간 그림이 루소의 거실 벽에 걸려 있는 것이 아닌가? 밀레는 그제야 친구의 마음을 알고 눈물을 글썽였다. 가난에 찌들어 있던 친구의 자존심을 지켜주기 위한 루소의 행동이었다고 하자. 범원은 그 얘길 들으니 고호의 별 그림이 생각난다며 앞의 얘기와 상황이 조금 다르지만, 주인이 정말 존재할 거라 생각하느냐고 우리들을 둘러보며 물었다.

그러자 성해는 멀리 별 하나가 보이는데 자세히 보니 또 하나의 은하계라는 것이다. 은하계는 셀 수 없이 많다. 그런데 지금은 우주도 셀 수 없이 많다는 학설이 나온다. 거기에 지구처럼 태양에서 적당한 거리의 별 또한 많다고 한다. 그렇다면 과연 우주인이 존재할까요? "어떻게 생각하세요"라고 범원에게 다시 물었다.

미국의 과학자들에 의하면 그렇다고 범원이 대답한다. 하지만 그것은 나 자신이 보지 않았기에 알 수 없는 것이고, 오늘 이렇게 커피숍에 앉아 있는 것이 중요하지 않겠느냐고 얘기했다. 그래서 나는 얘기했다. 맞다. 중요한 것은 지금이다. 숨결을 주고, 사랑을 주고, 생명을 주는 현실 말이다. 그리고 지금 이 순간이 전부이다.

39. 오늘 하루

오늘은 11월 20일 월요일이다. 첫눈이 내린다. 나는 옥수동에 있는 북카페에서 책을 읽다가 첫눈을 맞이했다. 다시 한 번 바깥을 응시하다가 책을 펼쳤는데 이황과도 교분을 가졌던 차좌일의 시가 눈에 들어왔다.

놀고 먹는 양반이 무엇이길래 바람받이에 앉아 부채질만 하다가 이슬이 차가운 가을철이 되면 땀 흘려 가꾼 곡식을 몽땅 빼앗아 가는가.

그의 처절한 심정이 시 안에 잘 나타나 있다. 중인이었던 그는 능력에 비해 관직에 진출하지 못해 고민이 많았던 사람이다. 오죽하면 "나는 이 나라 사람이 아니다."라고 외치기까지 했겠는가?

그러고 보니 2017년인 오늘 아침 신문에 실린 기사가 생각이 났다. 며칠 전 일어난 포항의 5.4 강도의 지진에 대해 건물에 1미터 금만 가도 위험하니 출입을 자제해 달라며, 이 대피소에서 저 대피소로 옮기는 포항 시민들 사진이 실려 있었다. "작년엔 경주에 일어나더니 우리나라도 이젠 지진에 안심한 나라가 아니다."

라고 쓰여 있다. 그런데 이 추위에 그들의 심정 또한 차좌일 마음에 못지않을 것이다.

또한 1997년 11월 21일 우리 정부가 IMF 구제 금융을 신청했던 기사가 있었고, 온 국민이 나섰던 금 모으기 운동 사진도 실려 있었다. 20년 전의 일이다. 북카페에서 책을 정리하고 나오다가 한 지인을 만났다. 그의 친구가 오늘 아침 집에서 출근하려고 나섰다가 길가에서 심장마비로 세상을 떠났다고 한다. 그는 얘기하기를 "살아 있어도 살아 있는 게 아니다"라고 했다. 가족이 얼마나 충격을 받았을까?

저녁 무렵엔 아는 기독교 장로와 만났다. 암 투병하던 그의 부인이 돌아가셔서 그의 눈엔 눈물이 글썽 거린다. 그가 딱 10년만 함께 더 살았으면 했었는데 말이다. 기적을 그렇게 바랬음에도 일어나지 않았다. 4개월이 지났음에도 그의 슬픔은 이루 말할 수가 없다. 옥수역 근처에 있는 양지 식당에서 된장찌개를 먹으며 저녁 늦게까지 대화를 나누었다. 그렇게 모범적인 사람에게도 이런 일이 생기다니…

그분이 집에 가며 메시지를 보냈다.
"오랜만에 즐거운 시간 보냈습니다."

40. 수다

길을 걷다가 보니 쓰레기통 옆에 화분이 버려져 있다. 저대로 두면 얼마 가지 않아서 죽을 것 같아 비닐에 넣었다. 화분 속의 식물이 방긋방긋 웃는 듯 보였다. 나는 카페로 향했다.

친구보다 일찍 왔기에 메모지를 꺼내 글을 쓰고 있는데, 아줌마 부대가 들어왔다. 얼마나 시끄러운지 글을 쓰다가 펜을 놓았다. 그런데 그 중에서도 유난히 목소리가 큰 아줌마가 있다. 맴 맴 맴 마치 여름이 지났음에도 매미가 다시 우는 것 같았다. 나는 매미 소리를 즐기기로 했다.

한 사람이 얘길했다.

어제는 사무실까지 갔다가 가스 불을 안 끄고 나온 것 같아서 다시 집으로 가서보니 가스불이 꺼져 있었다고 한다. 또 한 친구는 전철을 탔는데 전등불을 안 끄고 온 것 같아서 다시 집으로 가서보니 전등불이 꺼져 있었다고 한다. 그러자 다른 한 사람은 친구 집에 앉아 있다가 갑자기 폭우가 쏟아지자 유리창 문을 열어 놓고 나온 것 같아서 다시 집에 가보니 유리창문이 닫혀 있었다며 우리도 이제는 나이가 먹은 것 같다고 했다.

그때 한 사람이 허벅지까지 깁스해 절룩거리며 그들 옆에 앉는다. 시장에 갔다가 남편이 혹시 왔을까 싶어서 저녁을 차려주기 위해 서둘러 가다가 계단에서 굴러 떨어졌다는 것이다. 얼굴은 아직까지도 까진 상처가 있었고, 한쪽 발목은 심하게 부러졌다. 나는 그녀의 깁스한 다리를 보다가 마음이 안 좋아서 고개를 돌렸다.

그때 친구가 도착했다. 너무 시끄러우니 자리를 옮기자고 했다. 이제 우리의 얘기가 시작이 됐다.

-제주도에서-

41. 연신내에서

사람이 살다보면 서로가 연결된다. 우리의 인연 또한 벌써 오래 되었다. 2시에 만나서 저녁 10시에 헤어졌으니 서로의 인연이 깊다. 그런데 언제 만나도 웃음이 그칠줄 모른다. 다시말해 즐거운 인연이다. 오늘은 연신내에서 송년회를 가졌다. 영선이의 사무실엔 연탄난로에서 익고 있는 군고구마의 냄새로 가득하다.

서로의 가슴에 향수를 자극했다. 숨었던 이야기를 찾아낸다. 얼마 전 병실에서 퇴원한 사람이 얘기했다. 병실에 입원하니 옆의 침대에서 92세된 할아버지가 분주히 움직이고 계신다. 누워계신 할머니는 84세이신데 발을 붕대에 감고 계셨다. 그러니까 어느 날 집밖에 맨발로 앉아있는데 지나가던 사람이 발에서 피가 나온다고 했다. 그래서 보니까 정말 피가 나오고 있는 것이다.

그때부터 발이 썩어 들어가고 있었다. 당뇨가 생긴지 40여 년이 된 것이다. 하지만 수술을 하지 않고 병원에 있다. 고령임에도 그렇게 정성을 기울이는 할아버지가 건강하시니 참 다행이라고 했다.

그러자 또 한 친구는 나의 어머니는 어떠시냐고 물었다. 나는 얘기했다. 얼마전 새벽에 어머님이 입이 아프시다고 하셔서 갑자기 집안이 난리가 났다. 혀의 한쪽이 많이 부었는데, 아무리 보아도 알 수가 없다. 동네에 있는 병원에 가니 혀를 들춘다. 그곳에 있는 이빨이 날카롭다. 치과에 가서 갈으라는 것이다. 이빨로 인한 구내염이라고 한다. 그렇게 숨겨져 있으니 나도 헌월도 처음 보았다. 헌월의 정성스런 노력으로 그렇게 많이 흘리던 침도 지금은 안 흘리고 있다. 패여진 혓바닥도 살이 많이 돋았다. 거의 완치가 되었다고 애기했다.

그러고 보면, 어머님이라는 이름만 들어도 많은 사람들은 눈물을 글썽인다. 화사스럽지는 않지만 소박하며 항상 감추어진 곳에서 가족을 위한 일념 하나만으로 사셨기 때문이다. 오죽하면 탈무드에서는 신을 대신해서 어머님을 만드셨다고 했겠는가? 모두들 연탄난로 옆에 둘러앉아 뜨끈뜨끈한 군고구마를 하나씩 손에 들었다.

-헌월과 시어머니-

42. 보름달

이런 얘기가 있다.

옛날 나이 지긋한 양반 둘이 푸줏간에 들렀다. 한 사람이 "이봐 백정, 쇠고기 한 근 주게"했다. 하자 다른 사람이 "여보게 김씨, 나도 한 근 주시게"했다. 푸줏간 주인은 먼저 양반에게는 말 없이 한 근을 달아 주었다. 그런데 나중 양반에게는 "어르신 여기 있습니다."하며 육질이 좋은 고기를 골라 공손히 건네주었다.

먼저 양반이 왜 다르냐며 화를 냈다. 그러자 주인이 말했다. "그쪽 것은 백정이 자른 것이고, 이 양반 고기는 김씨가 잘라서 그렇습니다."

어제는 제과점을 나오다가 앞에 있는 쓰레기통을 뒤지던 할머니를 보았다. 가지고 나오던 과자 한 봉지를 건네 주었다. 그 분은 연신 고맙다며 허리를 숙였다. 오늘은 전철에서 짐 가방을 여러 개 갖고 앉아계신 할머니를 보았다. 옆에 어느 아가씨가 앉자 주무시던 할머니는 소스라치게 놀라며 비닐봉지 안을 꼼꼼하게 점검하신다. 혼자서 중얼거리며 웃으시다가 갑자기 눈초리가 무섭게 변하는 것을 보니 정상은 아닌 듯싶다. 그래도 이 추운 날 전철이 따스해서 얼마나 다행인가 하는 생각이 들었다.

전철에서 내렸는데 이번엔 허리가 꺾어져 바닥을 보며 걸으시는 할머니를 보았다. 손에는 커다란 비닐봉지 두 개가 들려있었다. 어디로 가시는 것 같더니 이내 의자에 앉으신다. 어느 사람이 자리를 비켜줬기 때문이다. 그의 고마운 행동이 나의 마음에도 전해졌다. 나는 서둘러 발걸음을 옮겼다. 나도 집에 어머님이 계시기 때문이다.

오늘 저녁은 창문을 통해 밖을 보니 보름달이 둥글게 떠있다. 그 부드러운 빛을 보니 아까 낮에 보았던 그 분들 생각이 가슴에 꽉 찼다. 그 분들도 누군가의 어머님이실 텐데-

따스한 온기로써 여러 식구를 힘껏 안아주시고, 산같이 쌓여있는 일 앞에서도 내색 한 번 안하셨던 어머님이셨을텐데 말이다. 나는 소파에 누워 계신 어머님을 일으켜 함께 달을 보았다.

보름달 기운이 방안에 꽉 찼다.

43. 꼼지

전봇대에 개 사진이 심심치 않게 눈에 띈다. 어제도 오늘도 개 사진을 보았다.

TV에서 보니 한 여자는 가게에 잠깐 들렀다가 나오니 개가 사라진 것이다. 그 개를 찾기 위해 1년간을 돌아다녔다고 한다. 그런데 지금도 혹시나 하고 올까봐 기다린다고 했다. 울기도 많이 울었다고 한다.

오늘의 오전 산책은 너무나 좋다. 햇볕은 따스한 사랑을 아낌없이 나누어 주고, 바위는 해맑은 모습으로 표정엔 구김살이 없다. 들국화 향기가 내 가슴에 담겨졌다.

나는 그 향기를 담은 채 공원 이곳저곳을 걸었다. 그런데 어느 노인분이 꼼지야-꼼지야- 외치며 지나가는 것이 아닌가? 조금 후엔 젊은 아줌마가 또 꼼지야, 꼼지야 하며 걷는다. 나는 "오늘은 추석인데 무슨 일이에요"하고 물었다. 그녀는 개를 잃었다며 생김새와 아파트 주소를 가르쳐 주었다.

나는 집에 들어간 뒤 1시간쯤 지나서 다시 나왔다. 혹시나 싶어서 공원으로 향했다. 공원 옆 도로에 처음 보는 개가 두리번 거리길래 가까이 가자 부리나케 도망간다. 생김새가 많이 닮아서 아까 들었던 이름을 부르며 잡으려고 했지만 또 놓쳤다. 주변에서 놀던 학생은 집나온 개라며 잡아서 데리고 가겠다고 한다. 그때 차가 지나간다. 차에 치일까봐도 걱정이 되었다. 서둘러야겠다는 마음이 앞섰지만, 마음을 바꾸어 잘 달래야겠다고 생각을 했다. 그러자 내 품에 편안히 안긴다.

꼼지를 안고 그녀의 집 근처에 가니 좋아서 발을 막 구른다. 주인을 찾아주니 꼼지는 다시 나에게 와서 손가락을 살짝살짝 문다. 지금 전단지를 만들고 있었다는 주인은 그것이 고맙다는 인사라고 했다.

그분은 얘기했다. "꼼지를 찾아주셔서 정말 감사합니다. 살면서 기적이 있다고 믿게 해주셨어요. 진짜 감사드립니다."라고 했다.

그러고 보면, 생명은 존귀하다. 이 존귀함은 인간뿐일까? 그렇지 않다. 동물도 새도 모두가 존귀하다. 나비만 하더라도 인간이 하는 것처럼 짝을 찾고, 맛있는 것을 찾아 다닌다. 또한 꽃속의 꿀에 취해 매일같이 찾아오기도 한다. 이것이 숲이 살아있는 이유이기도 하다. 오늘은 내가 초등학교 시절 키웠던 발바리 종류의 루비가 생각이 났다.

44. 까치

사람마다 자신에게 일어나는 생각을 녹음한다면 미쳤다는 생각이 들것이다. 지나가는 누구라도 잡고서 후회되는 일이 없냐고 물으면 "없다"라고 자신 있게 대답할 사람이 얼마나 될까?

오늘은 인터넷 뉴스에 이런 기사가 실렸다. 옥상에서 이불을 털다가 남편이 떨어져 죽은 사건이다. 11층이라고 하니 살아날 수 있는 높이가 아니다.

으악 – 하는 소리에 부인이 얼른 나가 보았는데 이미 세상을 떠난 것이다. 부인은 얼마나 놀랬을까? 이불을 잘 털기 위해서 벽돌 한 장 댄 것이 이런 사건을 만든 것이다.

나는 이 뉴스를 접한 뒤 매일 아침 보아왔 듯이 건너편에 있는 전봇대를 바라보았다. 두 마리의 까치가 놀러오기 때문이다. 그중 한 마리는 발이 기형이다. 오른쪽 발이 오무려지질 않는다. 그래서 한 발은 약간 높은 곳에 올려 놓는다.

그래도 까치끼리 영역 싸움을 할 때면, 용기 있게 날아가 싸운다. 까마귀가 근처를 배회하자 둘이 힘을 합해서 쫓아내기도 했다. 오늘 아침에도 일찍이 와서 자리를 지키고 있다.

전봇대 위에다 나뭇가지를 가져다 놓지만, 집을 짓는 것은 포기한 것 같다. 자세히 보니 삼십여 미터 떨어진 곳에 있는 나무 위에 집이 있다. 그러고 보니 여기는 그들의 쉼터이다.

조금 있으니 차 한 대가 왔다. 창문을 약간만 열어놓고 총구 끝이 그들을 향한다. 하지만 위에서 보면, 총구가 보이질 않는다. 차 안에 숨어서 쏘기 때문이다. 위를 향해서 발사했다.

발이 기형인 까치가 비명 한 번 지르더니 차 옆으로 떨어졌다. 나머지 한 마리는 얼마나 놀랐는지 부리나케 도망간다. 아마 전봇대 위에 집을 짓는 줄 알고 쏜 모양이다. 누가 신고했는지 원망스럽다. 막을 수 없었던 나 자신이 마음이 아팠다.

-제주도 산방산-

45. 이런 일 저런 일

편안해지는 하루다.

굽이진 곳은 돌고, 낮은 곳은 서둘러 차지하는 냇물을 보다가 발걸음을 편의점 앞으로 옮겼다.

어떤 사람이 의자에 기대어 잠을 자고 있는데, 누군가가 뺨을 철썩- 하고 때린다. 그리고 손을 내밀고 있다. 노숙자이다. 어안이 벙벙하게 있다가 돈을 내어준다. 그러자 그는 물러났다. 싸우자고 하니 상대가 노숙자이다. 싸울 가치가 없다고 생각하니 뺨만 얻어 맞은 것이다.

또 길을 걷는데, 피자가게 종업원이 노숙자에게 피자를 갖다 준다. 무슨 일이냐고 물으니, 안 갖다주면 손님 것을 더러운 손으로 덥석 집어 간다는 것이다. 그러면 손님들이 안 온다는 것이다. 그러니까 좋은 게 좋은 것이라고 아예 먼저 갖다 주는 것이다.

그러고 보니, 나도 중국 광주의 어느 분식집에서 우동을 두 개 시켰는데, 거지가 들어와 한 개를 들고 나가버린 경험이 있다. 나는 순간 당황했지만, 그의 처지를 아는지라 그대로 두었다.

오늘은 지인으로 부터 이런 얘기를 들었다. 어느 회사에서는 사모님을 관리한다는 것이다.

사모님끼리 팀을 짜서 오페라도 구경시켜 주고, 저녁도 근사하게 사준다. 그렇게 하니 남편이 회사를 그만 두려고 하면, 부인이 말린다. 이렇게 좋은 회사를 그만 두려고 하는 이유를 모르겠다는 것이다. 그러니까 남편은 다시 마음을 바꾼다.

중국 고전에 이런 글이 있다. "한비자"에 나오는 글이다. "개나 말은 항상 보기 때문에 쉽게 그릴 수 있을 것 같지만 어렵다." 반면 "귀신이나 도깨비는 아무도 본 일이 없어 어떻게 그리든 시비할 사람이 없다."

매일 보는 회사라서 쉬워 보이지만 만만하지가 않다.

-대부도 해솔길에서-

46. 중원 계곡에서

양평에 있는 아름다운 곳에 도착했다. 푸른솔 펜션이다. 다듬어지지 않은 풀들은 오히려 새롭고, 숲은 읊조리 듯 소리가 시원하다.

중원계곡의 흐르는 물이 생명의 기운을 불어넣어 주니 숲은 보답하 듯 꽃들을 내어 보인다. 특히 많은 하얀 꽃들이 우리를 반긴다. 그 사이로 한성현씨와 고재승씨는 음식을 차리느라 분주하다.

2층의 베란다에 서서 주변을 둘러 보았다. 어둠은 자신의 자리를 잡으려는 듯 조심스럽게 주변을 기웃거렸고, 그렇게 강렬했던 태양은 힘 한 번 쓰지 못하고 자리를 내준다.

나는 눈을 감았다. 그때 왁자지껄하는 소리가 들렸다. 도착했던 차들이 사람들을 쏟아내고 있었다. 20여 명이 모이니 갑자기 소란스러워 졌다. 어둠도 깜짝 놀라 자리를 비켜섰다. 전등불빛이 환하게 비춰졌다. 내 옆에 있던 맏형인 이윤천 씨와 막내인 오세호가 잔을 부딪히자 모두들 일제히 "브라보"하고 소리를 질렀다.

니체가 "차라투스투라의 작품이 위대한 것은 완결된 멜로디를 구사한다는 점에 있는 것이 아니라 끊임 없이 새로운 멜로디를 구사한다는 점에 있다."라고 하였다. 그러고 보면 이곳도 계속해서 새로운 멜로디를 만든다. 아침에 눈을 뜨니 숲속의 새들이 또다시 방문한 아침을 반기었다.

-양평에서-

산 책

인 쇄 2018년 11월 12일
발 행 2018년 11월 23일

저 자 원 공
발행인 孫 光 春
인쇄처 圖書出版 修 書 院
발행처 서울특별시 성북구 삼선교로 2길 7-3
TEL.765-0924~5, FAX.765-0927
E-mail suseowon@hanmail.net
등 록 1971.12.9. No.2-282
ISBN / 978-89-6798-053-5

〈정가 15,000원〉